Stefan Andres

Positano

Serie Piper
Band 315

Zu diesem Buch

Stefan Andres, einer der großen Erzähler des 20. Jahrhunderts, hat als Emigrant ein Jahrzehnt seines Lebens in Positano verbracht. Frucht jener für ihn schweren, für sein literarisches Schaffen dennoch produktiven Zeit sind unter anderem die Erzählungen dieses Buchs. Jede der elf Geschichten vermittelt dem Leser ein eindrucksvolles Bild der alten Stadt am Mittelmeer und ihrer Bewohner und führt ihn mitten in die heiter bejahende Lebensweise des italienischen Südens.

»Es ist die kraftvolle und herbe Sprache, die hier vor allem besticht. Sie ist von den lieblichen Farben, der Sonne, dem Geruch des Meeres erfüllt. Und welche Figuren und Ereignisse sie auch zeichnet, man ist gefesselt von ihrer Eigenart und blühenden Lebendigkeit.« Stuttgarter Zeitung

Stefan Andres, geboren 1906 in Breitwies bei Dröhnchen (Trier), studierte Theologie und Germanistik in Köln, Jena und Berlin. Nach ersten Veröffentlichungen in den dreißiger Jahren siedelte er mit seiner Familie 1937 nach Positano über. 1950 kehrte er nach Deutschland zurück, 1961 zog er erneut nach Italien und ließ sich in Rom nieder, wo er 1970 starb. Als Romancier, Lyriker, Dramatiker und Essayist hinterließ Stefan Andres ein umfangreiches Œuvre. Zu seinen bedeutendsten Prosawerken zählen u. a. »Die Sintflut«, »Die Hochzeit der Feinde«, »Die Versuchung des Synesios« und »Wir sind Utopia«.

Stefan Andres

POSITANO

Geschichten
aus einer Stadt am Meer

Piper
München Zürich

Von Stefan Andres liegen in der
Serie Piper außerdem vor:
Wir sind Utopia (95)
Der Knabe im Brunnen (459)
El Greco malt den Großinquisitor (1675)
Noah und seine Kinder (2278)

ISBN 3-492-10315-4
Ungekürzte Taschenbuchausgabe
1. Auflage Januar 1984
2. Auflage Juli 1999

Umschlag: Federico Luci,
unter Verwendung einer Zeichnung von Stefan Andres
Gesamtherstellung: Clausen & Bosse, Leck
Printed in Germany

DIE BEIDEN PHARAONEN

Es gab eine Zeit in Positano, da lag die kleine Piazza zwischen dem Meer und dem schimmernden Amphitheater der Häuser und der Berge wie eine antike Bühne da: einfältig offen und tagsüber nur sparsam betreten. Die Sonne herrschte wie das Schicksal der Alten allgewaltig auf diesem steinernen Rechteck nahe am Strand. Mit dem Milderwerden der Sonne erschien allabendlich — falls es nicht regnete, und das geschah selten — barfüßig und in Leinenhosen ein Dutzend sich langsam bewegender Gestalten: Handwerker, die ihre Buttiken geschlossen hatten; Fischer, die auf die Ausfahrt warteten. Diese von Jugend an erprobten Veteranen der Muße hockten auf den Mauern und lagen auf den Treppenstufen, schwiegen, gähnten und entließen mit dem Rauch ihrer Zigaretten kurze Sätze in die Dämmerung, und dies so, als wären ihre Worte selber Tabakwölkchen. Eines dieser Piazzagespräche aufzuzeichnen, wäre schwer gewesen, da die Stimmen wie die kaum hörbar schmatzenden Wellen aus dem Augenblick auftauchten und im Schweigen des nächsten vergingen. Sie verfügten alle — und selbst die Alten — über einen ungeheuren Vorrat an Zeit. Der Zeiger auf der Campanile-Uhr wies innerhalb ihres goldenen Kreises immerzu auf den einen ewigen Augenblick, die Glocken verkündeten ihn jede Viertelstunde. Und der alte Domküster ging am

Samstag in den Turm und kurbelte die Gewichte hoch. An die Zeiger dachte er überhaupt nicht, die bewegten sich so sicher wie die Sonne, ob schneller oder langsamer, darum kümmerte sich niemand.

In der kleinen Stadt lebten damals einige Fremde: Künstler, Eremiten und weltquere Käuze, die in der außerhalb aller Stundenpläne stehenden Campanile-Uhr ein Sinnbild dafür erblickten, wie sie selber sich ein paar Jahre neben der Geschichte verbergen und ihren Forderungen entziehen wollten. Als die alte Turmuhr, statt sich weiter in Variationen über die astronomische Zeit zu ergehen, die mitteleuropäische Rechnung von der Schweizer Armbanduhr eines deutschen Herrn abrupt übernahm, da erschraken diese dem Tag und der Welt mit Kunst und Bedacht fremd gewordenen Menschen; denn sie fürchteten sofort, daß die kleine Stadt am Meer sämtlicher Privilegien, die sich aus einer eigenen Zeitrechnung ergaben, verlustig gehe.

Und wie schnell und harmlos hatte es sich abgespielt! Der Urheber dieses Anschlusses an die Welt war aus der Barke, die ihn vom Postdampfer ans Ufer brachte, gerade auf den Strand gesprungen, als er mit einem Blick gegen die alte Campanile-Uhr feststellte, daß diese drei, das komplizierte Zifferblatt auf seinem Armband aber sechs Uhr zeigte, genau: sechs Uhr und sieben Minuten. Und noch ehe man seine Koffer ins Hotel tragen konnte, hatte er den Leuten von Positano bewiesen, daß seine Uhr richtig, ihre falsch gehe. Als nun die Positanesen von ihm Beweise verlangten, warf er seinen Schweizer Chronometer auf die Erde, streute Sand darüber, trat darauf, tauchte ihn ins Meer und versicherte überdies, daß man ihn nie aufzuziehen brauche: er gehe von selbst, immer. Dieser unheimlich rüstige und dazu auch noch goldene Zeitmesser, welchen er darauf den verstummten Fischern ans Ohr hielt, war das Zeichen des Propheten, auf das hin es keinen Widerspruch mehr gab.

Der Herr aus Deutschland, welcher übrigens die Uhr im Campanile gleich in der ersten Woche seines Aufenthaltes in Positano und ganz auf eigne Kosten von einem Uhrmacher aus Neapel reparieren ließ, hieß Bouterwek, doch legte er Wert darauf, daß das »ou« wie »au« ausgesprochen wurde, vor allem von den Fremden. Die Positanesen nannten ihn wegen seines weißen Anzugs und der von ihm bezahlten Reparatur der Uhr Signor Barone. Bouterwek trug diesen Titel fortan mit derselben eckigen Eleganz wie seine weißen Anzüge, den Strohhut und das stahlbeseelte, lederne Stöckchen, eine Mischung aus Reit- und Hundepeitsche. Die friedfertigen Fremden nahmen, noch ehe Bouterwek die Turmuhr hatte reparieren lassen, an diesem Marschallstab, wie einige das ungewöhnliche Spazierstöckchen nannten, Anstoß, und sie stimmten diesmal sogar mit dem Maresciallo der Carabinieri überein, der den Stock auf den ersten Blick voll Mißtrauen unter die Waffen gerechnet hatte. Eine sorgfältige Untersuchung jedoch ergab, daß sich weder ein Stockdegen noch ein Totschläger in der Maske dieses ledernen Stöckchens verbargen – höchstens eine Fliegenklatsche, so hatte der schlitzäugige Maresciallo einem der Fremden versichert.

Wie mit dem Spazierstock erging es den Leuten, und nicht nur den Fremden, mit seinem Träger: niemand wußte, was für ein Kern in diesem so sorgfältig gekleideten Herrn enthalten war, der vom ersten Tage an alles mögliche im Ort reparieren, verbessern und verändern ließ und dann, offenbar um sich zu erholen, halbe Tage mit dem Schenkenwirt Giovanni in dessen Kutsche auf der Uferstraße hin und her fuhr und, jedermann vernehmbar, mit dem schnurrbärtigen Alten immerzu laut zankte; nein, niemand in Positano ahnte es auch nur, was in diesem Signor Barone steckte, in diesem »Überblonden« oder »Überweißen«, so nannten ihn bald seine Landsleute, und zwar weil Bouterwek die gewisse Präposition im Übermaß gebrauchte.

Das einzige Hotel des Ortes, wo Bouterwek wohnte, war nach einem Monat kaum mehr wiederzuerkennen. Vor allem legte er Wert darauf, statt von dem kleinen Pietro bei Tisch von einem Kellner bedient zu werden, woraufhin, da in jener prätouristischen Zeit Kellner in Positano noch unbekannt waren, derselbe Pietrino schwarze Hosen und eine weiße Jacke erhielt, sich mit Brillantine das Haar an den Kopf pappte und mit einer Serviette zu wedeln lernte. Bouterwek gab ihm Unterricht im Servieren, zeigte ihm, wie man die Nägel pflegte, und sprach mit ihm zwei Tage in der Woche Französisch, die übrigen Deutsch, so daß Pietrino bereits nach einem halben Jahr imstande war, heimlich in den Tagebüchern des Signor Barone zu lesen, wovon noch die Rede sein wird. Bouterwek kaufte auch einige Zimmerpalmen und Lorbeerbäumchen; in roten Terrakottakübeln umstanden sie seinen Tisch im Speisesaal. Den Terrazzoboden, der Bouterwek zu ärmlich vorkam und dessen farbige Einsprengsel seinen träumerischen Blick immerfort mit Fratzen und Grotesken belästigten, ließ er mit himbeerroten Läufern und sogar Teppichen zudecken. Dem Wirt aber hatte er, freundlich und ernst ins Allgemeine hin redend, dargetan, daß jede Art von Lärm und Unruhe im Speisesaal unschicklich sei; die Angewohnheit aber, sich im Haar zu wühlen oder gewisse Stellen des Kopfes oder Körpers mit den Fingern ausführlich zu berühren, verrate grobe Unkultur.

Sodann nahm sich Bouterweks alles verwandelnder Wille der Sauberkeit der Straßen und vor allem der Treppen und selbst gewisser im allgemeinen verlassener Winkel an. Er lenkte den Blick der Behörden auf die Stechmücken und die Stubenfliegen, die als beweglicher Grind in den Krämerläden auf allem saßen und herumrüsselten, was eßbar war. Er ließ auch Impfstoffe gegen alle möglichen Krankheiten kommen und stellte sich selbst, um den Einheimischen Mut zu machen, als ersten Impfling dem Arzt zur Verfügung. Wo er die kleinen Kinder mit nackten Hinterchen auf den Treppen herumrutschen und an Steinchen lecken sah, suchte er die Mütter auf und erklärte ihnen mit drohend erhobenem Zeigefinger, was Bazillen seien, wie viele auf einer Nadelspitze existieren könnten und wie das ganze Sinnen und Trachten dieser Minimalexistenzen genau wie das der größeren Tiere, ja sogar der Menschen, nur darauf aus sei, das eigene Leben auf Kosten des fremden Lebens zu erhalten. Die Frauen hörten ihm mit einem ein wenig furchtsamen Lächeln zu und nickten entgegenkommend; manche gaben ihren Kleinen sogar Schläge und schauten einen Augenblick argwöhnisch auf die Treppenstufen. Es gab aber auch solche, die einfach sagten: ihre Kinder seien an den Dreck gewöhnt, und so kleine Tiere, die man nicht sehe, könnten ihren Kindern keinen Schaden zufügen. Andere entgegneten ihm sogar mit einem Achselzucken, bei so einer Horde von Kindern könne man nicht jeden Augenblick auf alle möglichen und auch noch unsichtbaren Tiere achten; außerdem: der Wille Gottes sei über allem und stärker als der von so einem Dreckstierchen. Und wenn der Tod, ja, auch das sagten sie, ein Einsehen habe und einem kleinen Menschen die Himmelstür aufstoße, solle man sich ergeben. Indes – Bouterwek, welcher sich bei solchen Reden die Ohren zuzuhalten pflegte, ergab sich nicht, sondern gründete einen kleinen Kindergarten. Bei all diesen fortschrittlichen und wohltätigen Unternehmungen, die einander geradezu jagten, verbarg er seine Urheberschaft halb hinter dem Bürgermeister, über welchen die Neugierde allerdings doch nach und nach erfuhr, daß der Signor Barone ein Segen für Positano sei, der Pfarrer sagte sogar: ein Segen des Himmels. Nur die Fremden, vor allem die eigenen Landsleute, behielten über den Sozialreformator ihre eigene Meinung: die Eroberung des stolzen normannischen Campanile durch die mitteleuropäische Zeit zitterte noch in ihnen nach. Und der Feldherrnstab, der ewig weiße Anzug, die weitaufgerissenen blauen, in die Ferne starrenden Augen Bouterweks, sein militärischer Haarschnitt, sein steifer, stechender Gang und diese immer wiederkehrende und immer verdächtiger erscheinende Präposition »über«, mit der er dem Sinn der alten Worte den Boden entzog und sie auf den Kothurn hob – all dies und ähnliches kam unmerklich zusammen und schuf um Bouterwek einen leeren Raum, »ein menschenleeres Glacis«, wie er selber, offenbar voll Genugtuung, in seinem Tagebuch vermerkte. Wenn auch Pietrino damals noch nicht so viel Deutsch verstand, um solche Eintragungen ausplaudern zu können, so wußten die Fremden auch ohne diese Hilfe aus Bouterweks in die Weite zielendem Blick, seinem unvermittelten höhnischen Gelächter und noch sicherer aus gelegentlichen Zarathustra-Zitaten zu entnehmen, daß er mit seinen Gedanken über ihren Köpfen wandelte und sie, »diese Welt-Müden und Erden-Faulen«, gar nicht wahrnahm.

Aber auch sie, die Bouterwek zu verehren keineswegs bereit waren, mußten eingestehen, daß er in wenigen Monaten mehr zuwege gebracht hatte als viele Geschlechter von Bürgermeistern und hundert Pfarrer und Apotheker. Sogar die Löcher und Risse in den Latrinengruben, die oft die Seitenwände der Treppen bildeten, waren nun dicht, und ihr Gestank mischte sich nicht mehr in den Orangenduft aus den Gärten. Es war sogar eine Wasserleitung geplant. So schüttelten bald die Fremden, vor allem seine Landsleute, die Köpfe über ihn und überließen es der Zukunft, die wahren Beweggründe des »Über-Täters« an den Tag zu bringen.

Aber auch die Einheimischen runzelten manchmal, wenn sie über den Signor Barone sprachen, die Stirnen, welche bei ihnen nicht allzuoft in der Anstrengung grüblerischen Denkens bewegt wurden. Ja, wie hing das zusammen? Dieser Fremde war reich und doch wohltätig; und er war wohltätig, jedoch kein Christ. Denn nicht nur, daß er die Kirche mied – er machte auch in den Schenken, wo er mit den einfachen Leuten saß und ihnen Wein spendierte, Bemerkungen über die Kirche und das Christentum, die der Pfarrer, hätte sie ein anderer gemacht, dem Frevler mit der Faust in den Mund zurückgestopft hätte. Aber nun war's der Barone, der so sprach, und der Pfarrer selbst hatte ihn einen Segen des Himmels genannt.

So wunderten sich die Leute und hatten, was den Signor Barone anging, viele Fragen auf dem Herzen. Seit die Stadt bestand, war wohl noch nie über jemand so viel erzählt und vermutet worden.

Der kleine Pietro nun, der im Deutschen gute Fortschritte machte, berichtete in der Schenke des Giovanni, daß der Barone die Nächte lang an seinem Schreibtisch saß und schrieb. Doch was er schrieb, konnte Pietro noch nicht wiedergeben, und der Apotheker war überzeugt, daß es Philosophie sein müsse, womit sich der Barone beschäftigte, auch deshalb, weil er nur nachts schrieb und vor allem, weil er, wie Pietro erzählte, mit den Ameisen sprach, die nachts aus dem Gebälk oberhalb der Tür hervorschwärmten und wie geflügelter Staub um die Lampe herum auf den Tisch fielen. Daß er den Ameisen mit der Fliegenklatsche und Fackeln aus zusammengedrehten Zeitungen auf den Leib rückte, war weiter nicht merkwürdig; aber daß er sie beschimpfte, als wären es Menschen, dafür gab es nur die Erklärung des Apothekers: der Barone war ein Philosoph, also einer, der zuviel dachte, so wie es ja auch Menschen gab, die zuviel aßen oder tranken. Als dann gar Pietrino eines Tages mit einem kleinen Gruseln erzählte, der Barone habe in der letzten Nacht die Ameisen immer wieder seine »Nächsten« genannt, deren es viel zu viele gebe, lachten zuerst einige. Doch da schlug der Wirt Giovanni die Spielkarten mit der Kante, zuerst scharf und dann einige Male sehr leise, auf den Tisch, lächelte vor sich hin und sagte nur: »So, jetzt weiß ich es, wie er mit mir spricht! Wie mit einer Ameise!«

Daraufhin mußten nun alle lachen, denn Giovanni war, wenn auch nicht hochgewachsen, so doch umfangreich und, obwohl bereits zweiundsiebzig, noch imstande, seinen Kutschwagen, wenn er auf der engen Straße im Weg stand, an den hinteren Rädern einfach mit einem Ruck über die Bordsteine weg nahe an die Schenkentür zu heben, sogar wenn eine Korbflasche mit neueingekauftem Wein zwischen Sitz und Bock angebunden stand. »Ja, genau wie mit einer Ameise!« wiederholte Giovanni.

Soviel konnte er, ohne daß sein Ansehen erschüttert wurde, eingestehen; nicht aber, daß er die Impertinenzen dieses Fremden nur deshalb ertrug, weil ihm die Carozzafahrten mit dem Barone mehr einbrachten als seine ganze Weinschenke. Das war eine klare Rechnung, nur daß es da einen Posten gab, den er absichtlich und mit viel Geschick übersah. Noch nie in seinen siebzig Jahren hatte Giovanni irgend jemand gestattet, ihn von oben herab zu behandeln oder gar zu kränken. Der alte Kutscher und Schenkwirt wußte, was er sich und dem Familiennamen der Cinques schuldig war. Alle wußten es und erblickten in ihm, ohne daß darüber ein Wort gesagt worden war, den Inbegriff und die Ehre ihrer kleinen Stadt. Und nun war es dahin gekommen, daß Giovanni einen Mann fuhr, der, kaum daß die Carozza dahinrollte, Insolenzen zu sagen begann. Soviel nur wußten die anderen. Wie konnten sie ahnen, daß Giovanni sich diese Übergriffe und Grobheiten seines Fahrgastes bezahlen ließ, indem er hinterher den Preis nicht nach der Dauer der Fahrt, sondern nach der Menge und dem Gewicht der Frechheiten berechnete, die der Barone vorgebracht hatte.

Lange Zeit hatte sich Giovanni mit dieser Überlegung beruhigt, daß er ja den Signor Barone für seine Arroganz und Taktlosigkeit bestrafe. Aber die Unruhe, daß er auf diese Weise seine Würde Stück für Stück verkaufe, wuchs in ihm, bis er sich eines Tages ganz klar die Frage stellte, warum sich der Fremde gerade ihn und nicht einen seiner Söhne, welche ja auch Kutscher waren, oder gar Matteo, den Bologneser, zu diesen Fahrten ausgewählt habe. Hatte er in den ersten Wochen in dieser Wahl des Fremden eine Auszeichnung seiner Person und auch seines allerdings hübschen Wagens erblickt, stieg nun endlich der Verdacht in ihm auf, daß der Signor Barone ihn gar nicht hatte auszeichnen wollen. Das war fast zur selben Zeit, als dem Pfarrer der andere Verdacht kam, daß dieser Fremde doch kein Segen des Himmels sei. Der Pfarrer, der zu einem Glas Wein in Giovannis Schenke gekommen war, schien sehr niedergeschlagen. Er erzählte von den aufrührerischen und gottlosen Reden des Signor Barone, und Giovanni sagte mit größter Bestimmtheit: »Ja, der hält uns für Ameisen. Man muß ihm zeigen, daß er sich irrt!«

Zwar wußte Giovanni noch nicht, wie er den Signor Barone »mit der Nase in seinen schlimmen Irrtum hineinstoßen« werde, so drückte er sich aus; doch er spürte alsbald eine ihn ruhig, ja, heiter stimmende Entschlossenheit, welche ihm bis in die Spitzen seines starken weißen Schnurrbartes zu strahlen schien. Und auf den Pfarrer niederblickend, murmelte er: »Ja, man muß diesem Präpotenten Antwort geben!«

Gleich am nächsten Tag begann Giovanni damit, sein Versprechen einzulösen. Er, der bisher ohne Widerrede, eben wie ein kluger Kutscher, die Impertinenzen dieses Fremden eingesteckt hatte, wollte ihm, wenn auch in den Schranken des geziemenden Respektes, deutlich zeigen, daß Giovanni keine Ameise war, nur soviel zunächst ...

Als er nun gleich bei der Abfahrt lauter als sonst mit der Peitsche knallte, fuhr Bouterwek auch diesmal, aber noch heftiger, zusammen und näselte, wie er es ungefähr jedesmal tat: »Laß doch das dumme Geknalle, alter Prahlhans!« Doch Giovanni tat, als hätte er nichts gehört, und lockte mit seiner Peitsche noch einmal das Echo in der Schlucht. »Es gab einen großen deutschen Philosophen«, begann Bouterwek, zögerte jedoch und lauschte dem Rollen des Wagens. Doch gleich schüttelte er den Kopf und rief: »Aber was sprech' ich zu dir von Philosophen! Du kannst ja gar nicht denken, du kannst nur knallen! Unter diesem weichen, unendlichen Himmel, angesichts dieser bunten Herbstschabracke der Berge, vor diesem Meer, das blinzelnd die ersten Stürme erwartet – knallen, knallen! Verdienst du es überhaupt, unter dieser Sonne zu leben? Man sollte euch –«, Bouterwek wandte sich kopfschüttelnd ab, ließ sich von der Carozza rütteln und summte ein Lied.

»Puh!« Er gab diesen Laut plötzlich und so breit von sich, als seine enge Brust und die hohe Stimme es vermochten. »Wie oft wäschst du dich eigentlich?« Giovanni drehte ein wenig den Kopf, daß das linke Schnurrbartende in den Himmel stach: »Das kommt darauf an«, grunzte er, »der eine muß sich jeden Tag waschen, der andre jede Woche. Meine Frau wusch sich nur für jeden Feiertag.«

»Auf jeden Fall sollte man auf den Knoblauch eine Konsumsteuer legen.«

Giovanni blickte, die Zügel anziehend, hinter sich und sagte mit halber Stimme: »Knoblauch hält jung, Signor Barone, ich rat' Ihnen, täglich eine ganze Zwiebel zu nehmen!«

Bouterwek entgegnete darauf mit einem krächzenden Lachen, als wollte er Giovanni mit diesem Satz vom Bock herabstürzen: »Ach laß nur, es kommt schon der Tag, da mich dein Sohn fährt!«

Giovanni machte wiehernd: »Ü-ü-ü!«, und das Pferd begann zu traben. Endlich fragte er, aber so, als erkundigte er sich nach dem Ziel seines Fahrgastes: »Welcher? Ich hab' ihrer zehn!«

Bouterwek schlug mit der Hand verächtlich durch die Luft. »Wenn sich so eine alte Regenbütte wie ein Schiff gebärdet, das geht aufs Zwerchfell.« Und er lachte.

»Ich frag' ja nur, welcher meiner Söhne Sie fahren soll, Signor Barone«, verharrte Giovanni.

»Du hast die Gesinnung eines Herings«, zeterte Bouterwek. »Aber selbst der Hengst vor dem Wagen hat wahrscheinlich auf diesem Gebiet mehr geleistet als du. Also!«

»Aber das ist doch ein Wallach«, sagte Giovanni und

drehte sich ganz herum. »Wissen Sie, was das ist? Ich hab' also zehn mehr als der Wallach. Alles Söhne! Und alle zehn am Leben!« Giovanni blickte wieder schmunzelnd geradeaus, legte die Peitsche quer über die Knie und spreizte seine zehn Finger neben seinen Ohren. »Wieviel haben Sie, Signor Barone?«

»Du bist plötzlich sehr vorlaut und fragst nach Dingen, die für deine Intelligenz zu hoch sind.« Bouterwek hatte das Kinn scharf angezogen. »Ich hab' dir nur eins gesagt, prophezeit hab' ich es dir, daß mich im nächsten Jahr dein Sohn fährt – und zwar der Vito!«

Giovanni hopste auf dem Bock und ließ sich nach vorn fallen, fast verlor er dabei seinen in allen Farben schimmernden Filz. »Na«, er lachte ausgelassen, »dann wünsch' ich Ihnen aber viel Glück! Der Vito? Der kriegt ja noch nicht eine Frau ins Geschirr, viel weniger ein Pferd!«

Bouterwek hob hinter Giovannis breitem Rücken die Faust und nannte ihn mit schriller Stimme eine dumme und bösartige Bestie, weil er sich an seinem Sohn, und zwar am besten und intelligentesten, dafür räche, daß er selber außer Kartenspielen und Carozzafahren nie etwas fertiggebracht habe. Oder könne er ihm einen triftigen Grund angeben, warum er den Vito nicht die Angelina heiraten lasse?

Giovanni, der bis dahin in gespannter Aufmerksamkeit den Kopf gehoben hielt, antwortete nun: »Weil sie ein nacktes Schaf ist! Nicht einmal schön ist sie! Und Geld und Gut – soviel!« Er schnippte laut mit den Fingern.

»Vito heiratet sie doch für sich und nicht für dich«, schrie nun Bouterwek.

»Dann soll er's doch endlich tun! Ich hab' meinen Vater ja auch nicht gefragt, als ich heiratete. Aber der Vito ist eben nicht wie ich, und darum soll er auch die Angelina nicht heiraten.« Der dicke Giovanni hatte das im Ton einer fast behaglichen Feststellung über die Schulter geworfen – und das brachte Bouterwek gänzlich aus der Fassung.

Vito sei jetzt fast dreißig, und seit sechs Jahren warte Angelina auf ihn und er auf sie. Ein Greis nun, dessen Lebensuhr nachgehe und schleunigst repariert werden müsse, wage es, mit seinem Nein einen Eisberg zwischen den beiden Liebenden aufzubauen – »höher als dieser da«, bei welchen Worten Bouterwek gegen das Kalkmassiv des Monte Sant' Angelo seine Hand anklägerisch ausstreckte. Giovanni hatte von der langen Rede, seit das Wort Greis vorgekommen war, nichts mehr verstanden.

Er riß, als Bouterwek Atem holte, an der Leine, machte »Prr«, und als das Pferd stand, steckte er die Peitsche in den Halter und wandte sich um, sein weißer Schnurrbart stand ihm wie Möwenflügel im Gesicht. Seine schwere Unterlippe zitterte, seine Augen rollten. »Signor Barone«, stieß er hervor, »Sie reden zu mir wie der Pharao zu den Juden! Ja, Sie haben mich einen Greis genannt. Das wollen wir mal sehn!« Und er stieg vom Bock herab und ging langsam hinter den Wagen. Bouterwek, der verstummt war und nichts mehr begriff, sah nur, sich über das Verdeck beugend, wie Giovannis Adern an den Schläfen und am Hals anschwollen und wie sein zur Schulter hingedrehtes Gesicht rot wurde wie ein reifer Granatapfel. Dann spürte er, wie er zur Seite flog, in und mit dem Wagen. Giovanni blies den Atem von sich, trat einen Schritt zurück, blickte Bouterwek in ernstem Auffordern an – nein, gar nicht siegreich! – nur fordernd. »Bitte, Signor Barone«, sagte er ruhig, »kommen Sie! Heben Sie den Wagen zurück bis dahin, wo er stand!« Er zeigte auf den Weg. Dann setzte er den Fuß aufs Trittbrett. »Mich heben Sie natürlich mit! Sie sind mindestens zwanzig Jahre jünger, wenn nicht mehr, dafür darf ich zwanzig Kilo schwerer sein als Sie.«

Bouterwek wurde fast so rot wie Giovanni, der sich nun, als sein Gast nicht ausstieg, eine Toscana ansteckte. Plötzlich lachte Bouterwek los, aber seine Fröhlichkeit klang angestrengt. »Du hast mich Pharao genannt. Aber du weißt doch: Der Pharao arbeitet nicht, dafür hat er Sklaven. Steig ein! Und ich rate dir gut, mach das nicht mehr mit dem Wagen. Alten Leuten platzen dabei leicht die Adern, oder du hebst dir einen Bruch, und der heilt in deinen Jahren nicht mehr.«

»Ich bin kein Sklave«, sagte Giovanni und blickte auf den Rauch seiner Toscana.

»Aber ein Greis, das kannst du nicht leugnen. Du hast ganz weißes Haar und bist sicherlich über Siebzig! Also komm und fahr los!«

Giovanni erwiderte nichts. Er ging zum Wagen, entnahm dem Kasten unter dem Bocksitz ein Tuch und begann damit, das Pferd abzureiben.

»Aber jetzt voran!« rief Bouterwek ungeduldig. Doch Giovanni schüttelte nur ernst den Kopf. »Steigen Sie ruhig aus, Signore, ich bin wirklich zu alt für Sie!« Bouterwek war bis in die Zungenspitze starr vor Überraschung. So tat er, als hätte er Giovannis Aufforderung nicht verstanden. Er schaute mit einem schwelgerischen Seufzer über die Ölbaumhänge und Pinienschirme auf das flimmernde Meer hinab. Endlich rief er gutgelaunt, als wäre er vom Schauen satt: »Ich denke, wir fahren nach Hause!«

Indes – Giovanni schüttelte wieder auf dieselbe Weise den Kopf. Er blickte nun sogar Bouterwek in die Augen, als er ihm unumwunden erklärte, er könne ihn nicht einen Schritt mehr weiterfahren, das sei vorüber. Und was ihn seine Familienangelegenheiten angingen? Noch nie habe das jemand gewagt, selbst der Pfarrer und der Bürgermeister nicht! Und da komme er, ein Fremder – und mische sich in alles ein, ja, in alles! Sogar die Uhr am Campanile gehe, wie er, der Signore, es wolle! Aber wenn er auch die ganze Stadt wie eine Jacke umkrempele, an ihn, den Giovanni Cinque, solle er sich nicht heranwagen. Er suche sich die Schwiegertöchter nach seinem Geschmack aus, und erst recht, wenn einer seiner Söhne wie der Vito – dieser klugschwätzende Maulesel! – von Frauen nichts verstehe. »Nein, Signor Barone«, sagte Giovanni in abschließendem Ton und warf, was er noch nie getan, seine halbgerauchte Toscana über das Wegmäuerchen in den Abgrund, »wir sind keine Ameisen!«

Bouterwek hob bei den letzten Worten des Kutschers, den er bis zur Stunde für einen primitiven Halbwilden gehalten, auflauschend den Kopf. Aber gleich darauf lief ein schiefes Lächeln über sein Gesicht, seine Hand griff unter das Jackett, und statt zu antworten, zog er einen Schein aus der Brieftasche und hielt ihn mit zwei Fingern in die Luft. Giovannis Augen blinzelten, als ginge von dem bläulichen, fettigen Stück Papier ein scharfes Licht aus. Es war ungefähr das Zehnfache des Fahrpreises, den ein Kutscher sonst für eine Nachmittagsfahrt nahm. Giovanni begriff sofort, was dieser Schein bedeutete: er brauchte nichts herauszugeben, höchstens ein Stück des schönen Gefühls, das er soeben von sich selber hatte — gehabt hatte. Denn er spürte, kaum daß er den Schein erblickte, wie ihm die Finger an den Händen, welche er sofort auf den Rücken gelegt hatte, wie Krallen zuckten. Und an den Blechkasten unter der lockeren Fliese seines Bettes denkend, fing es in ihm zu rechnen an, sehr schnell und sehr genau: wenn er nun diese neue Taxe von dem Barone nicht nur heute, sondern künftig jeden Tag erhielte? An dieser Möglichkeit war wohl ebensowenig zu zweifeln wie an der seltsamen Entdeckung, daß der Barone ausschließlich mit ihm, mit dem Giovanni Cinque, seine Carozzafahrten machen wollte. Und seit ihm der blauäugige Narr den Geldschein mit dieser hochmütig herablassenden Grimasse hingehalten hatte, ahnte Giovanni sogar, was den Barone antrieb, ihn derart mit Worten und nun sogar mit Taten zu erniedrigen. Giovanni mußte plötzlich an seinen Großvater denken. Der alte Mann hatte ihm oft die Kanonenkugeln gezeigt, die in seinem Elternhause wie Bocciakugeln in der Ecke der Terrasse zwischen den Blumentöpfen lagen, und von den tunesischen Seeräubern erzählt, die diese Kugeln auf die Kuppeldächer und Terrassen geschossen hätten — »aber die Madonna«, so hatte der Großvater seine Geschichte jedesmal abgeschlossen, »sie hat uns gegen die Fremden immer unter ihrem Mantel beschützt.« Gewiß, gegen Kanonenkugeln war der Mantel der Madonna stark genug, aber gegen das da ...? Giovanni hatte sein Gesicht von dem Schein abgewandt und war zu seinem Pferd gegangen. Auf der Stirn des Tieres hing eine spiegelnde Metallscheibe, es war der einzige Spiegel, in den er, wenn auch sehr selten einmal, hineinschaute. Als Giovanni nun in dem Metall, er hatte sich diesmal gar nicht spiegeln wollen, sein Gesicht undeutlich vor sich sah, war es ihm, als hätte ihn sein Großvater angeblickt.

Und da sagte er zu Bouterwek, er sprach zwischen den Ohren des Pferdes hindurch, welche das Tier plötzlich lauschend aufrichtete: »Signor Barone, ich weiß jetzt auch, warum Sie unbedingt mit *mir* Carozza fahren wollen. Ja, ich weiß es. Und warum Sie sich in meine Familiensachen einmischen!«

»Was du schon wissen willst!« Bouterwek lachte und hob aufs neue den Geldschein, er wedelte jetzt damit. Giovanni konnte nicht hinsehen, und wieder begann er zu rechnen. Dabei kam ihm ein Gedanke, der ihm so einleuchtend und überzeugend war wie eine Bußpredigt des Pfarrers – der Gedanke nämlich, daß alles Geld, das er dem Barone abnehme, ihn selber stärker und reicher, den Barone aber schwächer und ärmer mache.

So sagte er: »Ja, Barone, ich weiß es wirklich. Sie können den Wagen mit mir hintendrin nicht vom Fleck heben, aber ich, ich heb' den Wagen, als wären Sie gar nicht drin. Das ist es! Und das haben Sie gewußt, seit Sie mich gesehen haben. Und das wurmt Sie. Und da sagen Sie mir Impertinenzen – und hetzen den Vito gegen mich auf. Und wollen vor allen Leuten beweisen, daß Sie nicht nur in der Stadt befehlen, sondern auch in meinem Hause. ... Wir einfachen Leute sind nicht so dumm, wie die Fremden glauben. Wir haben keine Kleie im Kopf!«

»Dann steig auf und nimm mir endlich den Schein aus der Hand und fahr mich heim. Du kriegst jetzt jeden Tag diesen Preis.«

Giovanni kam langsam hinter dem Pferd hervor, blickte sich einmal im Kreise um, ob niemand in der Nachbarschaft sei, und sagte leichthin: »Das Wetter hält sich.« Er griff dabei, ohne hinzublicken, nach dem Schein, steckte ihn achtlos wie ein Schnupftuch in die äußere Rocktasche und zog sich ohne das übliche Ächzen auf den Bock. Seine Zähne waren hart aufeinandergepreßt.

Und er hörte Bouterweks Stimme, sie klang nachsichtig wie die eines Erziehers, der einen bußfertigen Zögling belobigt. »Na, also! Wenn du mich schon Pharao nennst... Streng dich an, alter Knabe, und vielleicht wirst du, wenn du den Wagen nicht mehr hintenherum hebst, doch noch ein Jahr älter, als ich annahm, und du kannst dir bis dahin ein fürstliches Begräbnis zusammengekratzt haben.«

Giovanni entgegnete kein Wort. Er begann mit der Peitsche auf das Pferd einzudreschen, daß der Wagen in den Kehren des schmalen Weges bald hart an die Kalkschroffen, bald an das gegen den Abgrund schützende Wegmäuerchen geriet. Am Horizont seines Bewußtseins zuckten gefährliche Gedanken wie Blitze dahin: ihm den Schein ins Maul stopfen ... den Wagen kippen lassen und selber vorher abspringen ... ihn einfach in die Tiefe schleudern ... Aber da fing es in ihm gleich wieder zu rechnen an, ganz von selber. Jeden Tag im Jahr – das bedeutete: mehr als dreihundertmal konnte er einen solchen Schein abends glätten und ihn in den Kasten legen. Indem er sich bei diesem Hätscheln seines Schatzes erblickte, wurde er über sich so wütend, daß er erneut mit der Peitsche auf den Wallach einschlug, als wäre er es selber, der diesen Wagen zog – ja, ein Tier, ein Karrengaul, ohne Stolz, vor allen Leuten, welche ja bald Bescheid wußten, diesem Fremden dienstbar; diesem Pharao, der einen fest an der Deichsel hatte. Was nützte es, zwei Männer, früher waren es sogar drei, auf dem Schenkentisch noch heute eine Elle in die Höhe stemmen zu können, wenn man zu Kreuze kroch, kaum daß er mit den Scheinen winkte; und was nützte es, auf das Pferd einzudreschen und wie ein Verrückter in den Ort einzufahren, wenn man doch genau wußte, daß man in die Grube gefallen war, die man sich selbst gegraben hatte. Und er dachte daran, wie er nach dem Tode seiner Frau die Söhne, kaum daß sie erwachsen waren, aus dem Hause geschickt hatte. Er wollte endlich das Versteck für die große Keksdose aus Blech bauen, und niemand sollte es wissen, wo er sie verwahrte. Nur einem seiner Söhne, der in Neapel lebte, hatte er – Gott bewahre, für alle Fälle! – Andeutungen gemacht, aber auch dem nur Andeutungen ... Die Söhne sollten ihm, das Testament lag obenauf, ein geräumiges und hübsches Grabhäuschen auf dem Friedhof errichten, den Rest konnten sie dann untereinander teilen. Aber bis dahin war noch gute Weile, jetzt erst recht, da auch noch dieser Barone auf seinen Tod wartete.

An diesem Abend betrat Bouterwek, was er bisher nicht allzu oft getan hatte, die kleine Schenke, in welcher bereits einige Männer an den weinverkrusteten Tischen saßen und Karten spielten. Vito stand mit mißmutigem Gesicht vor den Korbflaschen und achtete gar nicht auf das Eintreten der beiden. Als ihm Bouterwek zurief, er wolle Wein haben, rief Giovanni, daß alle es hören konnten: »Wieviel trinkt denn der Signor Barone? Ein Viertelchen? Ja, bring ihm ein Viertelchen, Vito; er hat noch nichts gegessen ...«

Da rief Bouterwek: »Einen Liter Roten, Vito!« Beim schrillen Ton seiner Stimme schauten alle von ihren Karten auf und blickten zu Bouterwek hinüber. Giovanni setzte sich zu den Männern und verzog seine fetten Backen zu einem Schmunzeln. »Vorsicht, Signor Barone«, rief er höflich, »mein Roter ist von Gragnano, der hebt Sie hintenrum – und das ganze Haus dazu!« Giovanni lachte, und die meisten lachten, ohne recht verstanden zu haben, schallend mit.

Bouterwek entgegnete nichts. Er trank seinen Wein, ließ sich von Vito Brot und Käse bringen und schaute in den Zigarettenqualm, der sich über den Karten spielenden Männern, von der Petroleumlampe gelb und nur zum Teil angeschienen, versammelte. Eine junge Frau saß, auf ihren Mann wartend, auf einem Strohstuhl in der Nachbarschaft der Tür und beschwichtigte ihr Kind, ließ es aber zwischendurch auch wieder unruhig werden, um den Mann auf ihr wartendes Dasitzen aufmerksam zu machen. Bouterwek beobachtete die Frau und verzog die Lippen und seufzte verächtlich. Wenn Giovannis Stimme ertönte, kam Vito eilig mit dem Litermaß und füllte das Glas, auf das der Vater kurz hinwies. Als der Mann, auf den die Frau wartete, seinen Stuhl zurückschob, gab Vito seinem Vater ein Zeichen, und Giovanni legte die Karten hin, schob den Hut in den Nacken, kassierte die paar Soldi, grüßte lässig und wandte sich wieder seinen Mitspielern zu, welche geduldig gewartet hatten.

Bouterwek schüttelte wieder verächtlich den Kopf. Als Vito sich an seinen Tisch setzte, sagte er, aber so leise, daß die am großen Tisch es nicht hören konnten: »Sogar ein Kellner darf kassieren. Du bist also vor deinem Vater nicht einmal soviel wie ein Kellner!«

»Was wollen Sie, Signor Barone«, Vito lächelte säuerlich vor sich hin, »den hat Gott so gemacht, diesen Alten!«

Bouterwek schlug mit der Hand durch die Luft. »Sooft ihr von Gott redet, sucht ihr nach einer Ausrede für eure Erbärmlichkeit!«

Vito blickte seinen Lehrer nicht verstehend mit schräggehaltenem Kopf an. Die Nase des jungen Mannes, bemerkte Bouterwek, war zu lang und zu dünn, der Nasenzipfel war bleich wie eine billige Kerze. »Ach, du bist ein artiges Kaninchen«, sagte er und blickte an Vito vorbei auf den alten Giovanni, welcher gerade mit derselben Bewegung, als knallte er mit der Peitsche, einen Trumpf dröhnend auf die Tischplatte niedergehen ließ. Bouterwek kniff verärgert die Augen zu, dann rief er laut zu dem großen Tisch hinüber: »Na, knall nur! Andre Trümpfe hast du ohnehin nicht mehr!«

Giovannis Mitspieler blickten den Alten erwartungsvoll an, sie merkten es halberwegs, daß der Barone dem Giovanni eine Beleidigung sagen wollte. Der Alte jedoch legte sich breit über den Tisch und erzählte seinen Mitspielern leise, daß der Barone heute in seinem Wallach einen Hengst erblickt hatte. Alle lachten wie ein Mann auf und schauten hinter den Karten hervor zu Bouterwek hinüber. Der preßte, sein Glas leerend, den Rücken gegen die Stuhllehne.

Sonst schloß Giovanni, um nicht von den Carabinieri ermahnt zu werden, stets pünktlich, und keiner seiner Gäste hatte je zu zaudern gewagt, wenn er mit jener hausväterlichen Würde, die noch nie durch einen Widerstand verletzt worden war, aufstand und ruhig sein »Gute Nacht« über die Köpfe weg befahl. Bouterwek brach, um nicht der Aufforderung seines Kutschers gehorchen zu müssen, stets eine Viertelstunde früher auf. An diesem Abend aber ließ er den kritischen Zeitpunkt unbeachtet, und ebenso schien Giovanni einer Polizeistrafe unbekümmert entgegenzusehen. Er beobachtete, über den Rand seiner Karten spähend, wie Bouterwek immer heftiger auf Vito einredete und dabei ein Glas Wein um das andere hinunterstürzte, er setzte bereits dem zweiten Liter – wie dieser ihm! – heftig zu. So packte Giovanni bald den rechten, bald den linken Flügel seines Schnurrbartes und strählte ihn, als wollte er die darin knisternde Vergnügtheit in den Fingern spüren. Und er knallte, auch wenn es kein Trumpf war, zwischendurch seine Karten auf den Tisch, daß die dicken Stumpfgläser hüpften. Von Zeit zu Zeit lachte er, nun schon grölend, auf und prostete Bouterwek zu, und seine Trinksprüche wurden genau im selben Maße, als die Trunkenheit seines Gegners wuchs, übermütiger, bis sie zuletzt frech geworden waren.

Bouterwek hatte sich fast eine Stunde lang gar nicht um

Giovanni und die Kartenspieler an dem großen Tisch gekümmert. Erst an diesem Abend, als er so nahe bei Vito saß und ihm die Lehre vom Willen zur Macht in groben Zügen, wie er sagte, zum erstenmal auseinandersetzte, war es ihm aufgegangen, daß sein Schüler sich nicht gut hielt, einen kleinen Kopf und schmale Schultern hatte. Auch das Haar versprach nicht viel: es war nicht schwarz und nicht blond und nicht braun, es bedeckte kräuselig und matt den allzu gewölbten Scheitel. Diese Entdeckung verstimmte ihn tiefer als die immer vorlauter werdenden Zurufe Giovannis. Vom Weine angestoßen, gestand er schließlich seinem Schüler, daß die Natur ihn karg ausgestattet habe, weshalb es unerläßlich sei, daß er, wolle er Fortschritte auf dem angedeuteten Wege machen, von seinem Körper Außerordentliches verlangen müsse. Vor allem verordnete er ihm Freiübungen, Schwimmen und, wenn es eben gehe, Reiten: jeden Morgen eine Stunde, ja, auf dem Kutschpferd, warum nicht! Auch Atemübungen, er werde ihm das alles zeigen, Kopfmassage und vor allen Dingen: vollständige sexuelle Enthaltsamkeit — aus dieser Art von höchster Selbstbeherrschung ziehe der Wille zur Macht seine Lebenskraft.

Vito runzelte die Stirn bald senkrecht zur Nase, bald waagerecht zum Haar hin, und sooft ihn der Vater zum Einschenken rief, huschte er mit einem Ausdruck der Erleichterung von dannen. Bouterwek jedoch ließ sich durch Vitos Schenkdienste nicht abhalten, sondern überspannte den Abstand, der sie trennte, mit größerer Stimmstärke. Das war Vito unangenehm, da nun die übrigen erfuhren, in welche Geheimlehre der Signor Barone ihn — und ganz gegen seinen Willen – einzuführen gedachte. Geradezu unerträglich aber empfand es Vito, daß der Barone, mit dem so vertraut zu sein ihm trotz allem schmeichelte, nun in einer erschreckenden Schnelligkeit, ja, geradezu von Satz zu Satz betrunkener und zum Gespött der ganzen Schenke wurde.

Was sollten sich aber auch diese Handwerker, Fischer und Wein- und Gemüsebäuerchen unter einem »wandelnden Wegweiser« vorstellen, als den Bouterwek sich vor ihnen nun aufwarf; oder unter einem »Philosophen des Tuns«, unter einem »Naturwissenschaftler der Seele«? Je weniger sie verstanden, desto mehr kamen sie auf ihre Kosten, und ohne einen Tropfen zuviel getrunken zu haben, konnten sie sich an der Unsinnigkeit dieses gelehrten Fremden mit berauschen.

»Ihr von der Sippschaft der Allzuvielen, zurück in den Kreislauf!« grölte nun Bouterwek, und seine Zuhörer klatschten begeistert. »Ihr vollendet Eindeutigen, kommt sobald nicht wieder! Gewimmelvolk! Nächste! Geflügelte Nächste! Allernächste! Ameisen überall! Aus allen Öffnungen quillt's! Mit dem Flammenwerfer des Geistes gehe ich gegen deinen abscheulichen Eierstock vor, Königin der Welt, Langeweile! Ewiges Wiederholen des unverstandenen Pensums Mensch! Hinunter mit euch in das Wabern des Experiments! Begonnen hab' ich es, allein begonnen! Hier in dieser Stadt am Meer! Ich mische euch wie die Elemente. Aus zehntausend mache ich einen! Die Flamme will ich sehen, die gereinigte Flamme! Eh, ihr Übernarren! Wer ist Vito, wer ist Angelina? Nächste, lauter Nächste! Den Fernsten will ich aus euch züchten!«

Das etwa waren die Gedanken, hinter denen Bouterweks Worte wie ein Rudel Hunde kläffend einherliefen – schließlich durch alle Sprachen hin, die er kannte.

Noch eine Weile stand er schwankend an seinem Tisch, fuchtelte mit den Armen und versuchte sich in die Brust zu werfen, wobei er einige Male das Wort Pharao auf italienisch gegen Giovanni hinrief. Seine Stimme, welche drohend und gebieterisch klang, stolperte in einem Schluckauf der Trunkenheit, sie kippte schließlich um im dröhnenden Gelächter der Zuhörer, die sich von der Straße her stark vermehrt hatten, und ging unter.

Bouterwek wollte sich setzen, wäre aber neben seinen Stuhl gefallen, wenn Vito ihn nicht flink aufgefangen hätte. Giovanni stand nun auf, gab Vito und einigen Männern einen Wink, zeigte mit dem Kopf gegen den unbeweglich dasitzenden Bouterwek und sagte, geradezu im Nebenher: »Er hat genug! Bringt ihn nach Hause!«

Als sich Bouterwek zu wehren versuchte, befahl Giovanni den vier Männern, die an den Trunkenen herangetreten waren: »Los, buckelt ihn!«

Kaum daß die Träger mit Bouterwek in der Nacht verschwunden waren, ging Giovanni zu der großen Korbflasche, goß sich einen halben Liter ein und kehrte damit an den Tisch zurück. »So, wer ist am Geben?« fragte er und griff mit der Rechten an den Schnurrbart.

»Warum hat er eigentlich immerzu Pharao gerufen?« fragte einer. Zwischen Giovannis Augen entstand eine tiefe Falte. Doch gleich blickte er einen um den andern listig an und rief: »Ja, das könnt ihr nicht wissen. Er wollte mir Vorschriften machen wegen Vito und Angelina.

Ich sagte: Mischen Sie sich nicht in meine Familienangelegenheiten; ich heiße Giovanni Cinque! Da nannte er mich einen bösen Pharao, ich ginge mit meinen Kindern um wie der Pharao mit den Kindern Israels.« Giovanni lachte aus vollem Hals. Als er merkte, daß er allein lachte, hob er das Glas und trank bedächtig. Wieder blickte er sich im Kreise seiner Zuhörer um und fuhr fort: »Ja, das hab' ich gesagt. Signor Barone, hab' ich gesagt, Sie nennen mich also Pharao. Wenn ich aber nun einmal der Pharao bin, müssen Sie mich jetzt bitten, richtig bitten, sonst fahr' ich nicht einen Schritt weiter!«

»Und er hat dich – gebeten?« fragte nun Vito.

»Das will ich meinen! Oder ist er nicht mit mir im Wagen bis hier vor die Tür gefahren? Also! Und ich werde ihn täglich fahren – wenn er mich jedesmal darum bittet!«

Warum denn der Signor Barone nicht einen andern Kutscher nehme, meinte einer, aber Giovanni schaute den Fragesteller nur an, als hätte er Nachsicht mit soviel Torheit. Damit stand er, seinen Hut in den Nacken schiebend, auf, gähnte laut und anhaltend, kassierte, sagte »Gute Nacht«, schloß die Tür seiner Schenke und ging nach Hause.

Bouterwek erwachte erst gegen Mittag des folgenden Tages. Was in ihm vom Vorabend allein weiterwirkte, das war ein Gefühl tiefer Niedergeschlagenheit und Beschämung. Er ließ einige Tage verstreichen, ehe er sich wieder den Leuten zeigte. Als er auf Vito stieß, zog er ihn auf die Seite und fragte ihn, ob etwas Besonderes vorgefallen sei an jenem gewissen Abend; die Leute guckten ihn so seltsam an.

Vito beruhigte ihn. Was solle da schon geschehen sein! Er habe Reden gehalten, aber von seinen gelehrten Ausführungen hätten seine Zuhörer kein Wort verstanden. »Ja, und meinen Vater haben Sie immerfort Faraone genannt. Aber das ist ja weiter nicht schlimm. Er hat sich sogar darüber gefreut!«

Bouterwek riß die Augen weit auf. »Ich? – ihn? – Faraone!« Die Lippen des Signor Barone waren bleich geworden, bemerkte Vito. »Aber das ist doch ein Irrtum«, fuhr Bouterwek nach einem tiefen Atemholen mit neuer Stimme fort, »*er* hat *mich* – so genannt – Faraone – *er mich!*« Vito sah wohl ein, daß das ein gewisser Unterschied sei. Aber daß dem Signor Barone, der seine Krawatte mit der Hand befühlte und geradezog, die Finger zitterten, verstand er nicht.

»Was denn, Signor Barone, das kann Sie doch nicht aufregen! Der König von Ägypten ist ja lange genug tot!«

»Natürlich«, Bouterwek nickte und machte mit der Rechten eine Bewegung gegen den Monte Sant' Angelo, als wollte er ihn auf die Seite schieben, »Unsinn! Reden wir nicht davon!« Damit packte er Vito beim Unterarm, blickte sich einmal spähend um, sie standen vor der Tür von Giovannis Schenke, trat in das Gewölbe und zog Vito schweigend hinter sich her. Es war noch früher Morgen, und kein Gast, kein Einheimischer und kein Fremder, verirrte sich zu so früher Stunde zwischen diese nackten Kalkwände, wo es nach kaltem Tabakrauch, Schwefel, Hefe und Wein roch.

Bouterwek schnüffelte, rümpfte die Nase und zog dann einen Stuhl vor die Tür in die Sonne, wies darauf hin, daß es Herbst sei, und hielt sich lange bei diesem Thema auf: daß sich nämlich der Herbst nicht wie der Sommer aufführe – oder gar wie der Frühling; daß aber gewisse Menschen die Jahreszeit ihres Lebens einfach nicht wahrhaben wollten und, ähnlich wie Fahrgäste, die sich mit einem Dritter Klasse-Billett in die erste oder zweite Klasse einschmuggelten, starr und frech in einem Lebensalter verharrten, für das sie keine Berechtigung mehr hätten. Solche Menschen nähmen den andern, den Nachkommenden und oft sogar den eigenen Kindern, den ihnen zustehenden Lebensplatz fort. Solch einem unerlaubten Lebenswillen müßten die Jungen mit aller Schärfe entgegentreten. Und da Worte hier nichts fruchteten, sei im Kampf gegen diese präpotenten Lebensplatzverteidiger jedes Mittel, das nicht gerade gegen das bürgerliche Gesetz verstoße, durchaus erlaubt.

In einer weiteren Viertelstunde setzte Bouterwek sodann dem mit gesenktem Kopf unbewegt lauschenden Vito auseinander, daß ein ausgezeichnetes Mittel gegen solche mit Jugend getarnten Greise die Lächerlichkeit sei. Und so schlug er Vito vor, noch an diesem Abend dem Vater, wenn dieser Wein bestelle, in das dritte oder vierte Viertel einen guten Schuß Cognac hineinzugießen. Bei diesen Worten zog er aus seiner Manteltasche eine Flasche hervor: es sei ein ausgezeichneter Cognac, eigentlich zu schade für den Alten, aber er werde die Wirkung nicht verfehlen.

An Vitos langer, dünner Nase zog ein verknittertes Lächeln entlang, er nickte. »Das kann ich machen! Nur–«, Vito blickte Bouterwek nachdenklich an, »wenn mein

Vater betrunken ist, wirkt er gar nicht zum Lachen!« Und er fügte hinzu, daß sein Vater eigentlich jedes Jahr nur zwei- bis dreimal richtig betrunken sei, wenn er vom Weinkauf nach Hause komme. Das sei aber erst im Frühjahr, »ich werde Ihnen Bescheid sagen, Signor Barone, dann können Sie ihn hier – dort am Tisch – sitzen sehen, ganz betrunken – aber wirklich, ich sage Ihnen, keiner lacht über ihn«.

Giovanni nun sagte von dem Wein, den ihm sein Sohn als viertes Glas an diesem Abend brachte, daß entweder er – oder der Wein betrunken sein müsse. Wie denn ihnen – er blickte seine Söhne und Freunde an – dieser Wein gefalle, er sei von Furore, er schmecke ja geradezu nach Cognac! Folgsam hoben sie alle die Gläser und versicherten ihm: wirklich, er schmecke ein wenig nach Cognac. Nur der rothaarige Säufer Michele verzog verächtlich den Mund und tippte, Giovanni anblickend, sich gegen die Stirn. Er habe auch schon mal Cognac getrunken, rief er, ihm könne man da nichts vormachen, der von Furore schmecke höchstens nach Faß und Hefe.

Giovanni hatte schweigend das Glas geleert und winkte Vito herbei. Der füllte ihm mit dem Litermaß das neue Viertel ein, es war das fünfte. Giovanni roch an dem Glas, schmeckte, schüttelte den Kopf, schmeckte wieder und griff dann wie in einer Eingebung zum Glase seines Nachbarn. Gerade als er die Gegenprobe nahm, fiel sein Auge auf die weiße Gestalt des Signor Barone, der abseits an seinem kleinen Tische saß. Und den Schluck Wein im Munde herumwälzend, verfing sich Giovannis Blick in dem des Fremden. Wie Blumen sahen diese Augen aus, kam es ihm vor, ja, wie die Blüten von Wegewarte, so blau und starr und nichts verratend ... Da setzte Giovanni das Glas vorsichtig hin, winkte Vito herbei, schob den Hut in den Nacken und starrte ihn von unten herauf einige Atemzüge lang an. Giovannis weiße Schnurrbartspitzen zitterten. Vitos Gesichtsfarbe erinnerte immer ein wenig an Magermilch, unter den schwarzfunkelnden starren Augen seines Vaters wurde sie weiß wie Quark. Als Giovanni mit einem Lüpfen seines Gesäßes den Stuhl zurückschob, um sich dem Sohne ganz zuzuwenden, prallte der, das Gesicht hinter den erhobenen Ellbögen versteckend, zurück. Alle schwiegen, Giovanni hatte immer noch kein Wort gesagt, nur der Stuhl hatte, über die Fliesen schurrend, hoch aufgeschrien.

»Was hast du mir 'reingegeben?« fragte er endlich; immer noch starrte er, vollständig regungslos, den Sohn an.

»Cognac!« Vito flüsterte das Wort.

»Bring die Flasche!« Giovanni drehte wieder seinen Stuhl gegen den Tisch. Er blickte mit gesenktem Kopf auf die Spielkarten, die in einem ungeordneten Haufen vor ihm lagen. Vito stellte die Cognacflasche neben die Karten, aber von der entgegengesetzten Seite des Tisches her. Giovanni sah die Flasche an – er konnte lesen – und las, die Lippen dazu bewegend, mit halblauter Stimme den französischen Namen und den Herkunftsort des Destillats. Zwischendurch rief er: »He, soll ich Cognac aus dem Weinglas trinken?« Vito lief – der Schweiß stand ihm auf der Stirn – und kam mit einem kleinen Glas. Giovanni goß sich ein, hob es, daran riechend, unter den Schnurrbart, kippte es und seufzte, er hatte die Augen, während er roch und trank, fest geschlossen. »Oh – hmm – Madonna santissima! Wie gut meint es doch unser Herr mit mir – und der Signor Barone!« Und zu Vito gewandt rief er: »Warum wolltest du mir nun diesen Tropfen nicht pur vorsetzen? Du glaubtest wohl, daß ich ihn, weil er von unserm Barone stammt, nicht angenommen hätte? Aber ich lasse mir gern etwas schenken, sehr gern! Ich trinke jetzt nur noch Cognac vom Signor Barone!« Er hob das Glas gegen Bouterwek, die Männer am Tisch blickten einander mit vieldeutigem Schmunzeln an, jedoch keiner lachte, und wenn einer etwas sagte, geschah es mit unterdrückter Stimme. Alle waren gespannt und fürchteten, es könne noch etwas Unerwartetes und vielleicht Schlimmes geschehen. Doch es geschah nichts weiter, als daß Giovanni die Flasche Cognac ganz allein, Gläschen um Gläschen, leerte und wie sonst Karten spielte, ja, wie sonst, nur daß seine Faust die Trümpfe nicht so laut wie an andern Abenden auf die Tischplatte paukte.

Bouterwek trank sehr wenig. Er blickte immer wieder auf die Uhr, eine Viertelstunde vor der Polizeistunde bestellte er noch ein Viertel und trat vor die Tür. Er hoffte auf diese Weise unbemerkt von den andern den Ort verlassen zu können, wo er, er spürte es mit einem ohnmächtigen Grimm, eine neue Niederlage erlitten hatte.

Als er nun so, den Kopf im Nacken, als blickte er nach dem Wetter aus, in die Tür trat, rief Giovanni: »Signor Barone, wollen Sie schon gehen? Ich danke auch schön für die gute Flasche; sie ist leider beinahe leer!«

Da trat der Fischhändler Michele, der mittlerweile wie jeden Abend betrunken war, an den Tisch und griff unsicher nach der Cognacflasche. Giovanni brachte sie vor ihm mit einem schnellen Griff in Sicherheit. Michele begann nun lallend, um ein Gläschen – ein halbes – einen Tropfen zu betteln. Dabei redete er Giovanni nach jeder Bitte mit »Faraone« an, und auch jene am Tisch, die Fürsprache für den Betrunkenen einlegten, sagten, allerdings mit einem gewissen scherzenden Probieren des Titels: »Gib ihm doch was, Faraone!«

»Gut!« rief Giovanni, »wenn du dich hinkniest! Du brauchst dich nicht zu schämen, auch der Signor Barone hat sich, als er das letztemal besoffen war, hier hingekniet und mich um ein Glas Wein angefleht. ‚Faraone', rief er, ‚gib mir noch ein Gläschen!' Also los, Michele, auf die Knie!«

Der Trunkene kniete schon halb, als er von Bouterwek zurückgerissen und wieder auf die Beine gebracht wurde. Und über den roten Schopf des Fischhändlers fort rief Bouterwek mit verzerrtem Gesicht zu Giovanni hin: »Du bist also doch betrunken, alter Esel, sonst riskiertest du das nicht – deinen Verdienst, verstehst du? Morgen fahren wir nicht – und nie mehr! Hast du endlich verstanden?« Damit schritt er in die Nacht hinaus.

»He – zahlen!« rief Giovanni ihm nach, und als Bouterwek nicht zurückkam, befahl er Vito: »Anschreiben!«

Kaum waren die Gäste an diesem Abend gegangen, schloß Giovanni die Läden und die Tür und trat langsam auf seinen Sohn zu. Der spähte heimlich mit einem Grinsen, in dem sich Angst und Schläue mischten, rechts und links an dem breiten Schatten vorbei – zur Tür hin – ins Freie! Der Schatten war nun bis auf drei Schritte herangekommen. Vito stand sprungbereit hinter einem Stuhl, dessen Lehne er gefaßt hielt.

»Warum hast du das getan?« Die Stimme des Vaters kam wie aus großer Ferne.

»Der Barone –«

»Genau das frag' ich dich ja: warum hast du das getan?« Und als keine Antwort kam: »Du wolltest das Gesicht deines Vaters diesem Fremden unters Gesäß schieben? Wieviel gab er dir dafür?«

Vitos Augen rissen sich bei dieser Frage weit auf. Und er schüttelte den Kopf, aber so vorsichtig, als balancierte er die Korbflasche, die hinter ihm auf dem Sims stand, auf seinem Schädel. »Aber Vater!« flüsterte er, schluckte seinen Speichel, den Kopf vorreckend, und schüttelte ihn noch einmal, nun geradezu entsetzt: »Nichts!« Er hob seine Hände und zeigte ihre Innenfläche, als wollte er beweisen, daß in ihnen nichts verborgen sei.

»Nichts?« Giovanni lachte keuchend auf und hustete. »Aus dir wird nie etwas werden«, sagte er endlich kalt und verächtlich, »nicht einmal ein Verbrecher! Eine Gemeinheit, wenn man sie schon begeht, muß etwas einbringen! Wer gibt denn seinen Stolz umsonst her! Aber du hast ja keinen! Sich derart erniedrigen, mißbrauchen zu lassen! Einem Fremden wie ein Sklave gehorchen! Zu wissen, daß er mich demütigen, zum Tier machen will – und das machst du umsonst!« Giovanni lachte aufs neue los, füllte die Schenke mit seinem Husten, es klang so hart und wüst, als sollten davon die dunklen Flaschen zerspringen und die Gläser hüpfen. Dann ging er zur Tür. Dort drehte er sich langsam um: »Mach das Licht aus, sieh nach, ob noch Petroleum drin ist. Du wäschst die Gläser und schließt ab und bringst mir den Schlüssel ans Haus, du weißt ja: an das Ästchen im Orangenbaum unter meinem Kammerfenster. Und nun hör genau zu: wenn du mir noch mal so etwas machst – ich weiß, du bist jetzt dreißig alt! – ja, dann hau' ich dir vor der Madonna und ganz Positano den Rücken blau! Damit wir uns verstehen! Gute Nacht!«

Bouterwek war am Morgen, der diesem Abend folgte, verreist, niemand wußte wohin. Doch ließ er alle seine Sachen im Hotel. Im Frühjahr, so hatte er dem Hotelier versichert, wolle er zurückkehren. Indes – nach drei Wochen bereits stand er wieder am Bug der »Principessa Mafalda« und ließ sich, so wie damals, ausbarken –, nur daß ihn die Fischer diesmal empfingen, als wäre er ein Schatten. Sie blickten durch ihn hindurch, begrüßten ihn brummend und mit halb verschluckten Worten, und um seinen Koffer bemühte sich niemand als ein in Lumpen gekleideter Einarmiger, der zu jedem Dienst bereit war.

So rasch, wie er bei seiner ersten Ankunft das Nachgehen der Domuhr bemerkt hatte, spürte er nun, daß die Leute ihre Meinung über ihn geändert hatten. Noch am gleichen Abend trug er in sein Tagebuch ein: »Es trieb mich an den Ort meines Experimentes zurück, und meine Sorge bewies mir, daß mein Instinkt heil und stark ist. Der Alte hat meine Abwesenheit als Rückzug aufgefaßt. Drei Wochen genügten, um das Machtverhältnis zu verschieben. Aber er soll sich noch wundern. Ich bin das fleischgewordene philosophische Beispiel. Aber nicht nur das Beispiel in sich züchten, sondern die andern züchtigen durch das Bei-Spiel! Wir wollen sehen, wer hier tanzt und wer die Flöte spielt! Der Wille zur Macht kennt angesichts des Zieles keine Rückzüge, keine Rücksichten, keine Friedensschlüsse, keine Kompromisse, aber vor allem keine Müdigkeit, keinen Aufschub. Wie der Atem ist er immer da, wie der Herzschlag, wie der Blick bis an die äußersten Grenzen, bis an den Horizont. Für den Willen zur Macht ist es einerlei, ob das Objekt, an dem er sich verwirklicht, groß oder klein ist. Wenn es nur stark ist, das Objekt, wenn es vom selben Stoff, wenn es selber Wille zur Macht ist! Das Objekt Giovanni mag unbedeutend sein, nach Knoblauch riechend, kulturlos, primitiv! Aber es ist originaler Wille zur Macht. Ich habe seinen durchaus ansehnlichen Koeffizienten festgestellt, aber er soll erfahren, daß ich noch gar nicht den Mantel abgeworfen, noch gar nicht mich eingeölt habe. Er wird meinen Griff spüren! Ich will mein Leben an ihm erhöhen. Er soll untergehen, soll dasitzen als ein alter, zittriger Mann und der Sonne nachrücken. Wenn mein Objekt Giovanni am Boden liegt, kann ich diesem Ort meinen Willen aufdrücken. Es soll eine Stadt werden, wie ich sie will, nach dem Bild, das ich mir von ihr gemacht habe. Wie ein Bilderrestaurator will ich die Schmutzdecke aus christlichem Aberglauben, aus Sklavenmoral, Schlamperei, Trägheit und jeglicher Unkultur und stinkender Kleinbürgerei von ihr hinwegätzen. Und das alte wild-griechische Antlitz der Stadt wird wieder erscheinen: ganz Leib, ganz Harmonie, ganz Heiterkeit, ganz sich selbst bejahende Lebenskraft. Ich aber werde die geheime Rangordnung schaffen und das neue Gesetz. Den Dummen werde ich ihre Madonna nicht nehmen, jedoch für die Eingeweihten hat sie einen andern Namen, einen andern Sinn. Und ich werde an diesem Werk zum Übermenschen, der alles für sein Ziel opfert, alles, was die Allzuvielen glücklich macht. Ich lege die Feder nieder, erhebe mich, und noch in diesem Augenblick schreite ich zur Tat.«

Was Bouterwek als nächste Tat vor sich sah, war ein Gespräch mit Vito. Er hatte einen schwarzen, breitkrempigen Hut für ihn mitgebracht, der in der Form dem des Giovanni glich. Unter der Bedingung, daß Vito ihn nun immer, auch in Gegenwart des Vaters, trage und ihn mit derselben Bewegung wie dieser gelegentlich in den Nakken schiebe, wollte er ihm den Hut schenken und einen neuen Anzug und ein Paar Schuhe dazu. Auf dem Weg zur Chiesa nuova sprach Bouterwek einen Kutscher an und fragte ihn, ob er für den folgenden Nachmittag frei sei und ihn fahren wolle. Indes – der Mann verzog die Schultern und warf die Arme bedauernd in die Breite. Auch die andern Kutscher, die er im Hinaufsteigen in die Oberstadt anhielt, wanden sich auf dieselbe Weise, sagten nicht Ja und nicht Nein, und als er ihnen jeweils seinen Sonderpreis, so sagte er, nannte, da senkten sie nur die Köpfe, schnalzten, zupften an der Leine und fuhren weiter.

Es war dunkel geworden, als er vor der Schenke des Giovanni ankam. Er wäre gern eingetreten, der Wind pfiff scharf und naß aus dem Westen über die offene Oberstadt, und schließlich begann es zu regnen. Bouterwek war in einen schweren Mantel gehüllt; den Regenschirm, den er über dem linken Unterarm trug, wagte er bei dem Wind, der langsam zum Sturm anwuchs, nicht zu öffnen. So stand er im Schutze einer vorspringenden Hausecke dicht an der Fenstertür der Schenke und schaute durch die Scheiben hinein. Die Petroleumlampe umgab wie ein rundes Zelt aus gelbem Licht die kartenspielenden Männer. Der Tabaksqualm war nur innerhalb dieses Zeltkegels sichtbar. Giovanni schlug mit der Faust auf den Tisch; Vito kam bleich und verknittert mit dem Litermaß; eine Frau wartete mit einem Kind auf dem Schoß nahe der Tür auf ihren Mann; der Fischhändler Michele starrte glasigen Auges vor sich hin; auf den Bäuchen der dunklen Flaschen standen unbewegliche Lichtreflexe; alles war wie sonst.

»Da suhlen sie sich im Stumpfsinn«, flüsterte Bouterwek; die dünnen Lippen artikulierten, wie es ihm eigen war, seine Worte übermäßig exakt, als spräche er nicht mit dem Wind, der keine Zeit hatte, genau zuzuhören, sondern mit Vito oder dem kleinen Kellner Pietro. Er mochte eine Viertelstunde dagestanden haben, als er beschloß, nicht einzutreten, sondern nach Hause zu gehen – und zwar, so gab er sich als Grund an, weil der schwere Geruch und der Qualm der Militare-Zigaretten ihm am ersten Abend zuviel seien, – und überhaupt: diese Öde am Ende der Welt! Diese Kalkwände! Und die Schatten an den Kalkwänden! Und das dumme, hölzerne Gelächter!

In der Dunkelheit näherten sich langsam zwei Gestalten, er hörte nur ihre Stimmen. Erst als sie in das Licht der Schenke traten, das durch die Fenstertür auf die Straße fiel, konnte er sie sehen. »Komm«, sagte der eine, »wir gehen noch ein bißchen zum Faraone!« Doch der andere hob abwehrend die Hand und rief: nein, er könne den Alten nicht mehr sehen. In diesem Augenblick bemerkte Bouterwek: der Mann, der nicht eintreten wollte, war einer der Kutscher, die ihm ihre Dienste verweigert hatten. Er war ein stämmiger, rotbackiger Mann, dessen Vater aus dem Norden, aus der Nähe von Bologna, stammte, weshalb man ihn den Bolognesen nannte. Bouterwek hatte sich noch tiefer in seinen Mauerwinkel gedrückt und hörte nun, wie der Kutscher sich weiterhin weigerte, in die Schenke einzutreten. Die Präpotenz dieses Alten, so sagte er, überschreite jedes Maß. »Das schmeckt ja nach Maffia«, seine Stimme fauchte, »oder was ist das, wenn dieser Alte von einem Kutscher zum andern geht und einfach befiehlt: keiner fährt ihn! Und wer ihn dennoch fährt —«, die nächsten Worte konnte Bouterwek im Stürmen des Westwindes nicht hören. Der Mann, der dem Bologneser zugehört hatte, hob die Schulter und die Unterarme, wackelte mit dem Kopf und stieß gleichgültig einen Laut hervor, der zwischen leisem Lachen und kühlem Bedauern lag. »Was willst du, Matteo«, fragte er den Bolognesen, »der Faraone hat zehn Söhne und viele Freunde. Jeder ist genau so stark, als er sich machen kann . . .«

Damit öffnete er die Schenkentür, winkte dem Bolognesen einladend zu, aber der drehte sich mit einem Ruck um und ging weiter. Bouterwek wartete einige Sekunden, dann eilte er ihm nach. Genau vor der Tür des Hauses, wo der Kutscher wohnte, holte er ihn ein. Ob er ein paar Worte mit ihm sprechen könne, flüsterte Bouterwek. Der Bologneser hatte offenbar an Bouterweks Stimme nicht nur die Person, sondern auch ungefähr die Absicht, die den Barone zu ihm führte, erkannt. Er blickte sich einmal sichernd um, aber in der Dunkelheit war nichts zu sehen als der abnehmende Mond hinter den jagenden Wolken und der Schein der Öllichter, welcher unter den Ritzen der von innen mit Läden dicht verschlossenen Fenstertüren über die Schwellen auf die Straße floß. »Aber«, flüsterte Bouterwek, »keiner darf es hören, es geht mehr um dich als um mich. Ich kann ja morgen wegreisen, du nicht!«

Matteo hatte die Tür zum Pferdestall leise geöffnet und hinter ihnen gleich wieder geschlossen. Mit einem Phosphorholz leuchtete er in dem grauen Gewölbe umher und machte schließlich eine Petroleumlampe an. Die Laterne brannte noch nicht, da war Bouterwek bereits in seinem Vortrag mitten drin. Er begann damit, seine Verdienste um Positano anzuführen – »ich erwähne das alles, um dir zu zeigen, daß mein Verhältnis zu dieser Stadt ganz und gar selbstlos ist«. Wie zur Bestätigung dieser Worte begann das Pferd in seiner Laubstreu zu scharren. Matteo nickte, doch noch voll Zurückhaltung, da er nicht wußte, wo der Signor Barone hinauswollte. Bouterwek führte nun aus, wie freundlich und anerkennend alle bis vor einigen Wochen noch seine Bemühungen um die Stadt aufgenommen hätten, vom Pfarrer bis zu dem einarmigen Luigi. Nur einer habe sich ihm in den Weg gestellt, derselbe, der sich ja auch seinen eignen Kindern entgegenstelle; der wie ein Maulwurf in seinem Bau lebe, ganz mit dem Zählen seiner Geldscheine beschäftigt; der für eine Fahrt zehnmal mehr als die andern Kutscher fordere und dann, wenn er selber diesen Preis nicht mehr bekomme, ihn auch den andern nicht gönne und nun den Kutschern von Positano einfach befohlen habe, gewisse Fahrten nicht mehr zu übernehmen. »Kennst du Sizilien?« flüsterte Bouterwek. Als Matteo auf diese weit wegspringende Frage nur überrascht und mürrisch nickte, fuhr er fort: »Da gibt es Leute — in Städten und Dörfern, in allen Ständen —, Leute, die ganz genau so aussehn wie die andern — und doch ganz andre Menschen sind. Wie soll ich dir das erklären? Ich möchte sagen: sie gehorchen niemandem, sondern tun immer genau das, was sie wollen. Da hat meinetwegen so ein ahnungsloser Richter, der aus Rom stammt, einen jungen Mann zu einem Jahr Gefängnis verurteilt. Es vergehen drei Jahre, und eines Tages kommt der Richter nicht mehr nach Hause. Er liegt in irgendeinem Obstgarten — tot. Und niemand wagt einen Verdacht zu äußern. Die Polizei sucht eifrig nach der falschen Seite. Du verstehst?«

»Maffia«, antwortete Matteo, nur aus dem Winkel des Mundes sprechend, und hielt den Kopf mit den vollen roten Backen schräg, als wäre er gelangweilt darüber, daß ihm der Fremde etwas erzählte, das er viel besser wußte.

»Ah, du kennst die Maffia? Ich sehe, du bist weit herumgekommen. Aber was sagst du dazu, daß nun hier in Positano einer den Maffioso machen will, Befehle erteilt und Drohungen ausstößt — ja, ich habe es dir doch angemerkt, daß er dich bedroht hat —, er, der sich Faraone nennen läßt, zum Lachen! Schließlich ist er doch längst über die Grenze weg, wo man den andern mit der Faust imponieren kann; jetzt tut er's mit seinen Söhnen und mit all denen, die sich vor ihm ducken!«

Matteo stellte ein Bein vor: »Wer duckt sich? – vor wem?«

»Du nicht, das weiß ich«, Bouterwek schob die Möglichkeit solchen Verdachtes mit der Hand weg und berührte dabei mit leichtem Erschrecken die Hinterbacken des Pferdes, welches sich langsam und mit träumenden Augen ihm zuwandte. »Du bist ja schließlich kein Pferd«, sagte Bouterwek, das Tier flüchtig anblickend. »Aber es gibt eben vielleicht nur zwei Leute in Positano, die sich nicht vor ihm ducken, und das sind wir beide, und wir stammen nicht von hier.«

»Ja, ja«, sagte Matteo, sein Nicken war schon weniger zurückhaltend.

»Dieser gewisse Maffioso«, fuhr Bouterwek fort, »den wir beide meinen, ist für unsere Stadt eine Gefahr. Das siehst du doch ein? Stell dir vor: wenn du mich jetzt eine Woche lang nach Ravello oder Sorrent fährst, wirst du es erleben, daß du eines Tages über irgendein Mäuerchen fliegst, in irgendeine Schlucht. Und kein Procuratore del Re läßt deinetwegen eine Akte anlegen, bilde dir das nur nicht ein! Also sag mir, was man gegen so einen Maffioso machen kann! Ihn totschlagen, eh er dich totschlägt? Abgesehen davon, daß es ungesetzlich ist – die Carabinieri werden dich spätestens drei Tage nach der Tat in die Kaserne führen und so lange bearbeiten, bis du alles sagst. Also, Matteo, was wär da zu tun? ... Ich weiß es.«

»Signor Barone«, Matteos Gesicht war nun so rot wie das des alten Giovanni, wenn er den Wagen hinten herumhob – Bouterwek mußte wegblicken, so sehr erfüllte ihn dieser Anblick mit Genugtuung – »ich fahr' Sie morgen und jeden Tag, wohin Sie wollen. Und dann sehen Sie das hier«, Matteo zeigte seine Faust, die so fest geballt war, daß sie erbleichte.

»Unsinn«, Bouterwek warf einen scheuen Blick auf die Faust und schob sie fort, »du bist ein tapferer und starker Mann, aber du zögest den kürzeren. Und das verhüte die Madonna! Du wirst mich nicht fahren. Statt dessen wirst du mit den Leuten reden, wie ich jetzt mir dir geredet habe. Keinen Namen nennen, nur ‚der Maffioso' sagen, und jeder weiß, wen du meinst, und doch hast du nichts gesagt. O nein, wir werden ihn nicht verleumden und nicht prügeln – nein, ich weiß etwas viel Besseres: ich stürze einen Berg auf ihn, den ganzen Monte Sant' Angelo . . .«

Und als Matteo nun Bouterwek fragend anblickte, sagte der mit einem vertraulichen Lächeln: »Was glaubst du wohl: wenn der Papst bei der nächsten großen Feierlichkeit statt der Tiara plötzlich von hinten her einen Zylinder aufgesetzt bekäme oder einen Feuerwehrhelm und wenn er so bekleidet ahnungslos auf den Balkon träte, um die Welt zu segnen –«

»Aber Signore!« Matteo schüttelte mißbilligend und mit fragendem Augenzwinkern den Kopf.

»Versteh mich doch«, bat Bouterwek, »ich meine ja nicht den Papst, ich meine ja diesen Maffioso.« Und noch einmal entwarf Bouterwek das düstere Bild eines präpotenten alten Mannes, der keinen andern neben sich dulde, die andern zum Gehorsam nötige und seinen Willen zum eigentlichen Gesetz erheben wolle. Sein Sinnen und sein Trachten, jeder Gedanke, jede Unternehmung, sein ganzes Leben sei auf nichts gerichtet, als jeden Augenblick seinen Einfluß und seine Macht zu mehren. Es gebe jedoch eine Macht, die noch stärker sei: die Macht der Lächerlichkeit ...

Bouterwek kam nun ohne Übergang auf Giovannis außerordentlich großen Schnurrbart zu sprechen. In diesem Schnurrbart stecke wie im Haupthaar des Samson die ganze Kraft des alten Mannes, nämlich das stolze Gefühl, das er von sich selbst durch die Stadt trage. Diesen Schnurrbart gelte es bei einer guten Gelegenheit kräftig zu stutzen, vielleicht sogar nur auf einer Seite. Bouterwek begann bei dieser Vorstellung auf eine meckernde Weise zu lachen, doch verstummte er sofort, als Matteo düster den Kopf schüttelte und sagte: »Das wäre eine Gemeinheit!«

Bouterweks scharflippiger Mund glich plötzlich einer Klaffmuschel, er rief: »Gemeinheit? Nur eins ist gemein: die Übergriffe anderer zu erdulden. Wer sich seinem Gegner stellt und kämpft, der ist tapfer. Tapferkeit und Gemeinheit aber gehen nicht in denselben Mann hinein. Dieser Schnurrbart, das siehst du doch ein, ist ein Symbol – weißt du, was das ist, ein Symbol? Nun – so etwas wie das Wappen über einer Palazzotür. Etwas wie eine – Fahne. Ja, trägt dieser Präpotente seinen Schnurrbart nicht wirklich wie eine Fahne vor sich her? Und wie er ihn streichelt und zwirbelt, richtig, als hielte er sich daran fest. Und wenn er nun plötzlich ins Leere griffe –«

Matteo grinste bei Bouterweks letzten Worten, schob die Schirmmütze in den Nacken und kratzte sich hinterm Ohr. »Ich sehe wieder«, sagte er zu seinem Pferd gewandt, »so ein Gaul soll nicht denken, er wär ein Mensch; und ein Mensch soll nicht denken, er wär ein Gott. Das geht an den Schnurrbart!« Nun lachte er vernehmlich, klatschte dem Pferd auf die Hinterbacke, doch gleich war er wieder ernst, ja besorgt, als er sagte: »Aber das ist keine Kleinigkeit, Signor! Und man kann nie wissen, was aus so einer Sache entsteht. Mit der Polizei und den Gerichten will ich nichts zu tun haben.«

Bouterwek legte Matteo hurtig die Hand auf den starken Nacken: »Wenn was passiert«, flüsterte er, »– ich übernehme alles! Auch dein Risiko, Matteo, versteh mich wohl!« Und zur Tür gehend, flüsterte er etwas von Einholen der Flagge und einer in jeder Hinsicht unangebrachten Schnurrbart-Parade; er sprach schon nicht mehr zu Matteo.

Am Abend des folgenden Tages erschien Vito in der Schenke mit jenem Hut, den ihm Bouterwek geschenkt hatte. Er trug ihn genau wie sein Vater, schob ihn auch gelegentlich mit rascher Hand in den Nacken. Giovanni verlor über den Hut kein Wort, doch schob er nun den seinen nicht mehr in den Nacken, sondern zog ihn in die Stirn herab oder auf die Seite. Bouterwek, der in der Ecke saß, bemerkte mit Vergnügen, wie sehr der neue Hut auf Vitos Kopf und die Art, ihn zu tragen, den Alten störte. Als die Gäste gegangen waren, sagte Giovanni, während er die Tür abschloß, zu seinem Sohn: »Jetzt könnte ich sagen: tauschen wir die Hüte! Aber unter meiner Hutnummer verschwände ja dein armseliger Kürbis gänzlich. Und ich möchte nicht, daß die Leute noch mehr über dich lachen, als sie es schon tun.«

Er steckte dabei den Schlüssel in die Tasche und blickte mit einem gegähnten Seufzer in die Höhe. Der winterliche Himmel war so klar, daß die Sterne herabgesunken und um den Gipfel des Monte Sant' Angelo hier zu kreisen schienen.

Vito hatte ebenfalls in den diamantenen Funkenreigen hinaufgeschaut, dann ging er still neben dem Vater einher, welcher den Sohn nicht zu bemerken schien. Vito pflegte den Vater nur an jenen Abenden nach Hause zu begleiten, wenn der Alte vom Weinkauf betrunken heimkam – in der Dunkelheit waren die vom Regen ausgewaschenen Treppenstufen, die vom Fahrweg hinab zu dem auf den Gartenterrassen einsam gelegenen Kubushäuschen führten, für einen unsicheren Fuß gefährlich. An diesem Abend nun war Giovanni keineswegs betrunken, Vito aber verharrte hartnäckig an der Seite des Vaters. Sie hatten kein Wort miteinander gewechselt. Giovanni trat bereits durch die Lücke im Wegmäuerchen auf die oberste Stufe seiner Haustreppe, da sagte Vito: »Es ist bald Weihnachten, Vater!« Giovanni drehte sich langsam um und blickte seinen Sohn mit hochgeschobenen Brauen an. Der Ausdruck seines von den Sternen erhellten Gesichtes hieß ungefähr: Und? Was hat Weihnachten mit dir, mit uns beiden zu schaffen?

Vito bewegte mechanisch die Lippen, als er schnell hervorstieß: »Angelina und ich werden uns Weihnachten verloben!« Giovanni griff sich an seine rechte Schnurrbarthälfte, diese Bewegung wirkte wie ein Griff nach dem Geländer, er war auf der Treppe zwei Stufen tiefer ins Dunkel hinabgetreten. Vito überragte ihn nun um einige Kopflängen. Giovanni stieg, ehe er ihm noch ein Wort zur Antwort gab, wieder bis auf die oberste Stufe. »Warum –?« fragte er, aber das klang sinnlos. »Ah so, ich verstehe! Der Barone! Ja, ich hörte, der hat dir nicht nur einen Hut, sondern auch einen neuen Anzug geschenkt, und Schuhe und weiße Hemden?«

»Ja«, Vito nickte wiederholt mit dem Kopf, als zitterte er, »zur Verlobung. Von dir bekomme ich ja kein Geld, um mir anständige Kleider kaufen zu können.«

»Ich habe mir den letzten Anzug gekauft, da lebte deine Mutter noch, und das ist schon mehr als zehn Jahre her, und –«, Giovanni wies mit dem dicken Zeigefinger gegen seine Brust, »ich bin trotzdem der Faraone von Positano!«

»Wir haben jetzt die Kleider«, sagte Vito und blickte folgsam auf die Stelle, wohin der Finger des Vaters wies, »und da können wir uns auch Weihnachten verloben.«

»Ah, hat der Barone auch Angelina ein Kleid geschenkt?«

Vito nickte wieder auf diese zitternde Weise, seine Stimme war voll Vorwurf und Trotz, als er sagte: »Ja, er ist zu mir wie ein Vater!«

»Das ist gut«, in Giovannis Bauch lachte es einmal heftig auf, »aber du sagst es ja selbst: *wie* ein Vater! Dein Vater ist ein anderer, merk dir das, ein ganz anderer! Ja, nun hör mal genau zu! Deinem Vater wäre es schließlich einerlei gewesen, was du dir da heiratest. Wenn du schon so eine langweilige Ladenschelle für eine Kirchenglocke hältst, dann nimm sie doch, — so hätte dein Vater beinahe zu dir gesagt. Du machst dir dein Bett ja für dich. Und wenn du dann eines Tages selber merkst, daß das arme eckige Gestell von hinten so aussieht wie von vorn, und wenn du eines Tages, statt ihr mit Worten zu antworten, selbst wie ein Schaf blökst — dann hättest du an deinen Vater gedacht und dir gesagt: Dumm war er nicht, und er verstand sich auf die Frauen und konnte die richtigen von den nachgemachten unterscheiden. Das machte er wie mit den Silbermünzen: die warf er zuerst einmal auf etwas Hartes —, das gibt dann so einen Klang, verstehst du? ... Man kann auch darauf beißen, das geht auch! Die falschen, die nachgemachten, die aus Blei, klingen nicht und geben nach ...«

Giovanni schwieg und lachte leise auf wie von den Armen zahlreicher Erinnerungen umschlungen; er keuchte ein wenig und blies wie ein aus dem Wasser aufsteigender Schwimmer den Atem von sich. Er schien Vito vergessen zu haben. Der fragte nun: »Was willst du mit all dem sagen?«

»Mit all dem?« Giovanni nickte offenbar dankbar über die hinlenkende Frage des Sohnes. »Mit all dem will ich sagen, daß dein Vater dich beinahe hätte gewähren und Hochzeit feiern lassen — mit der Angelina. Es wär ihm jetzt einerlei gewesen, deinem Vater, daß du sie nun fast zehn Jahre nur aus Trotz mitgeschleppt hast, er hätte dir zu deiner vertrockneten Nespel Glück gewünscht! Aber da kam etwas dazwischen, einer kam dazwischen — du weißt, jener Mann, der zu dir wie ein Vater ist ... Verstehst du, warum dein Vater es jetzt nicht mehr zulassen kann, daß du diesen Ginsterbesen heiratest? Hast du überhaupt soviel Ehre im Leibe, um das zu verstehen? . . .«

Vito senkte den Kopf, gleich darauf aber blickte er den Vater mit einem starren Blick an. »Ich habe geträumt, ich hätt' Angelina geheiratet . . . Es war Ostern, ich weiß genau, daß es Ostern war. Der Pfarrer trug das Kreuz aus dem Grab – und die Glocken läuteten.«

Giovanni zwirbelte an seinem Schnurrbart. »Du hast mir noch nie einen Traum erzählt«, sagte er, seine Stimme war von einem nachsichtigen Hohn gedehnt, »er wirkt so neu, dieser Traum, so neu wie dein Hut . . . Schenkt der Barone dir auch Träume?«

Vito zog langsam den Atem ein und hob die schmalen Schultern. »Also dann gute Nacht«, murmelte er schließlich, wandte sich ab und ging die Straße in den Ort zurück, er hatte nicht darauf geachtet, ob der Vater zurückgegrüßt hatte oder nicht.

Am zweiten Weihnachtstag verlobten sich Vito und Angelina – und zwar in Bouterweks Hotelzimmer. In einer Kneipe am Strand, wohin Bouterwek eine Menge Leute eingeladen hatte, wurden die Verlobten bei Wein und Pizza gefeiert. Giovanni saß wie sonst in seiner Schenke am Tisch zwischen den Kartenspielern, holte selber den Wein herbei, und als noch an diesem Abend einer seiner Söhne von der Marina heraufkam und von der Feier am Strand erzählte, schob Giovanni den Hut in den Nacken und grunzte nur: »Verloben ja, heiraten nicht!« Und als hätte er einen sehr verrückten und lustigen Einfall, fügte er hinzu: »Der Vito hat geträumt, er habe

Hochzeit mit Angelina gefeiert – und zwar auf Ostern... Aber so lang mir der Wein noch schmeckt, kommt dieses Ostern, das er meint, nicht.«

Der gelbe Lichtkegel der Petroleumlampe schwankte, Giovanni hatte bei seinen Worten den Docht hochgedreht. Alle, die um ihn am Tisch herum saßen, nickten stumm. Sie wollten damit nicht nur ausdrücken, daß sie Giovannis Widerstand gegen diese Ehe nun, nachdem sich dieser Fremde eingemischt hatte, durchaus billigten, sondern daß sie auch von der Wirksamkeit dieses Einspruches überzeugt waren. Giovanni hatte noch nie versucht, seinen Schritt größer zu machen als die Beine. Wenn er eine Sache beschlossen hatte, dann wurde sie auch ausgeführt, so sicher als er eine Partie Scopa Karte um Karte zu Ende spielte. Auf welche Weise freilich Giovanni es fertigbringen würde, diese Ehe zu verhindern, wenn Vito – und das hieß, das wußte nun ganz Positano: wenn der Signor Barone – darauf bestand, das konnte sich noch keiner von ihnen vorstellen. Immerhin: keiner der Kutscher wagte es, den Signor Barone zu fahren, das war ein Maßstab für Giovannis Stärke. Und wenn man ihn Pharao nannte, klang das nun schon ganz ohne Spott, und beinahe alle, sogar die Fremden, waren stolz auf den alten Kutscher und Schenkenwirt Giovanni, der es gewagt hatte, diesem Eindringling zu zeigen, daß es auch für seinen Willen eine Grenze gab: die Schwelle des Hauses, des Hauses des Giovanni Cinque.

Bouterwek zeigte sich seit dem Verlobungsfest nicht mehr in der Schenke an der Chiesa nuova. Während der Januar sich ausregnete, saß er über seinen Büchern, führte sein Tagebuch, gab dem Kellner Pietro Sprachstunden und stieg, wenn das Wetter es zuließ, auf steilen Ziegenpfaden in die menschenlose Karst-Einöde hinauf, wo ihm Fremde und auch Landsleute, ebenfalls vom Vorfrühling verlockt, begegneten und einige Male ganz wider Willen Zeugen seiner Ansprachen wurden, die er über Felsenschroffen und Schluchten hinweg den ahnungslosen Positanesen drunten unter den Kuppeldächern am Meere hielt. Aber sein Atem war für diese Dithyramben nicht stark genug, und nur einzelne Wörter drangen bis zu ihnen, Schreie wie diese: »mesquine Meute – Adler-Entrücktheit – Gestank aus der Tiefe – Geruch verstaubter Ewigkeit – letzte Gefahr – letzte Zuflucht!« Vor allem waren es die Worte »Mut« und »Tapferkeit«, die er über die Abgründe schickte. Auch in den Schenken, wo er abends die Fischer oft mit Wein und Salami traktierte, tauchten in seinen Reden diese von ihm eifrig umworbenen Begriffe immer wieder auf: der Mut zum Außergewöhnlichen, der Mut zum Aushalten, zum Zuschlagen, ja, Totschlagen! Der Mut zum steinernen Ungerührtsein gegenüber dem Schwachen, Alten und Kranken – der Mut der Berge über den Tälern, der Brücken über dem Abgrund, des Schlaflosen über den schwärzesten Nachtgedanken! An seinen Augen und seiner Stimme war leicht festzustellen, daß er nicht eigentlich zu den Fischern und Handwerkern, sondern mehr zu diesem oder jenem der Fremden hin sprach, die in einem Winkel des Lokals saßen und ihm zuhören mußten, ob sie es wollten oder nicht. Aber diese Eremiten, die er noch vor nicht so langer Zeit »Lebensmüde« und »Erdenträge« und schlimmer noch in seinen Tagebüchern tituliert hatte, legten nun ebenfalls den Mut zur steinernen Ungerührtheit an den Tag, und sie begegneten ihm gleichbleibend steil, fern und unbeweglich – wie der Halbkreis der Kalkberge, auf denen Bouterwek, großgebärdig mit unsichtbaren Gegnern zankend, immer häufiger umherstieg.

Es war im Februar, der erste Mandelbaum blühte, und Giovanni hatte beschlossen, zum Weinkauf über den Berg nach Gragnano und an den Vesuv zu fahren, da kam abends nach dem Essen der Kellner Pietro in die Schenke des Giovanni herauf. Er flüsterte dem Alten etwas ins Ohr, und der stand vom Tisch auf, ging mit ihm in die Ecke, wo die großen Flaschen auf den Simsen standen, und blickte den Kleinen abwartend und ein wenig ungeduldig an. Der reckte sich und begann wieder, Giovanni ins Ohr zu flüstern. Und als hätte ihn der Atem des Jungen im Gehörgang gekitzelt, so fuhr sein dicker Finger heftig in das weißbehaarte Ohr und stocherte darin. Doch gleich darauf schüttelte er den Kopf und sagte freundlich zu Pietro: »Das ist nicht möglich.« Als aber der Junge die Augen und den Mund fest schloß und unter ganz schnellen und kurzen Bewegungen mit dem Kopf nickte, sagte Giovanni und rüttelte ihn sanft an der Schulter: »Du hast dich verlesen, Pietrino. Sogar der Pfarrer kann sich in seinem Meßbuch verlesen.« Pietro zog nun beide Schultern, zum Zeichen, daß er Abstand nehme, hoch und schob dabei das Kinn vor, um auszudrücken, daß er in dieser Sache alles gesagt habe.

Giovanni ging darauf an den Tisch zurück. Von hier winkte er Pietro zu sich heran und befahl ihm, laut zu wiederholen, was er ihm ins Ohr geflüstert habe. Der Junge blickte sich verwirrt im Kreise um und rannte dann plötzlich zur Tür hinaus. Giovanni schaute ihm kopfschüttelnd nach, las seine Karten auf und starrte lange hinein. Alle Gesichter in der Schenke, auch die der Fremden, standen ihm fragend zugewandt. Schließlich trompetete er, als wäre er sehr vergnügt, vor sich hin: »Soviel Verstand wie ein Floh! Lesen, gewiß, das kann man lernen, aber den Sinn verstehen? Und in dem, was der Barone schreibt, ist doch ein Sinn verborgen, oder nicht? Wenn er auch nicht gescheit ist, der Barone, so ist er doch ohne Zweifel gelehrt. Wenn aber so ein gelehrter Mann schreibt, meint er immer etwas anderes als dasteht, — das ist der Sinn, den muß man finden. Sogar wenn er spricht, das weiß ich noch aus der Zeit, als ich ihn spazierenfuhr —« Giovanni blickte in die Petroleumlampe, doch sein Lächeln der Erinnerung versank zusehends um seine Augen, welche sich schließlich wie in Schwermut weiteten. Er schien gar nicht zu merken, daß er, die Karten in der Hand, mitten in seiner Schenke stand und in die Lampe starrte, während mehr als ein Dutzend Gäste dasaßen und nicht einmal mehr flüsterten. Nur der Fischverkäufer Michele, der bereits betrunken war, gab laut, weil ihn offenbar das Schweigen angriff, einen Weinrülpser von sich, ächzte kläglich und rief: »Aeh, wie bei der Beerdigung der Madonna!«

»Ja«, sagte Giovanni und blickte gestört zu Michele hin, »jedes Wort bedeutet immer etwas anderes — manchmal sogar bei unsereinem, erst recht bei so einem gelehrten Mann. Und wenn er das schrieb — wenn er wirklich in sein Buch hineingeschrieben hat, daß er mir den Schnurrbart — — —, dann hat der Barone, und das versteht so ein grüner Junge eben nicht, ja, dann hat er gemeint — oder —«, er blickte sich langsam im Kreise um, seine Augen wurden klein und funkelten, »glaubt einer von euch, daß der Barone das wörtlich meint, mir — mit der Schere — diesen meinen Schnurrbart — abzuschneiden?«

Kaum hatte Giovanni diese Frage gestellt, als er über ihre vollendete Unsinnigkeit selber zuerst laut und ausgelassen zu lachen anhob. Doch nur einige der Zunächstsitzenden lachten mit. Da nun trat Michele an den Tisch der Kartenspieler heran, starrte aus seinen hellblauen glasigen Augen Giovanni ins Gesicht, hob langsam die Hand, spreizte den Zeige- und Mittelfinger und machte mit dieser nachgeahmten Schere einen Schnitt. Er hatte nach Giovannis rechtem Schnurrbartende gezielt, doch dieser hatte die Hand des Betrunkenen mit einer jähen Bewegung fortgeschlagen, daß dieser zur Seite torkelte. Michele lachte dabei noch lauter als zuvor Giovanni und rief: »Das geht gut, das geht gut, Faraone, gib mir ein Viertel, sonst schneid' ich dir den Schnurrbart ab — und dann kannst du dich begraben lassen.« Giovanni hatte, als wollte er sich gegen den Trunkenen wenden, einen jähen Schritt getan. Da fiel sein Blick zufällig auf Vito, welcher wie schon die ganze Zeit hindurch, richtig als wäre er taub, mit seinem Litermaß hin und her ging und, wenn er nichts zu tun hatte, am Blechbottich mit tiefgesenktem Kopf Gläser wusch. »Eh, Vito«, rief der Alte fast mit einem Ausdruck von Behaglichkeit in der Stimme, »tu mir den Gefallen und schmeiß das besoffene Schwein vor die Tür.«

Vito hörte kaum, was der Vater sagte, er sah nur diesen Blick, der scharf und gefährlich wie der Schwanz des Skorpions gegen ihn losstach. Und während er dem Vater den Rücken wandte und auf Michele zuging, spürte er in sich das Gift wirken, dieses Gift aus Wut, Mißtrauen – ja, und Angst gemischt. Wirklich, in diesem Blick war Angst, Vito hätte es nie geglaubt, daß ein solches Gefühl im Blut seines Vaters möglich wäre. Er war wie betäubt davon und so schwach, daß er den Betrunkenen nicht zu bändigen vermochte. Erst als er Hilfe erhielt, gelang es ihm, den Schreienden vor die Tür zu bringen. Giovanni setzte sich, als Vito, bleich und verstört, wieder hereinkam. »Nun ja«, sagte er vernehmlich und schlug mit den Spielkarten so laut auf den Tisch, daß alle in der Schenke zusammenfuhren und glaubten, es müsse nun etwas Besonderes geschehen, »und wenn der Barone es schon so meinte, so wie der Pietrino es aus den Worten herauslas – aus den Worten, die der Barone in sein Buch schrieb, ja, wenn er es wirklich so gemeint hat –«, und plötzlich gegen den Sohn gewandt, fragte er, seine Stimme schlich: »Was meinst du, Vito: hat der Barone es so gemeint?«

Vito hatte wieder das Blechmaß in der Hand, es war gefüllt. Das sah aus, als versuchte er, da er nun bei des Vaters Frage stehenblieb, das Meßgefäß wie einen sichtbaren Beweis zu benutzen, daß er mit all dem nichts, gar nichts zu tun habe; daß für ihn diese ganze Sache mit dem Schnurrbart nicht mehr und nicht weniger als dies kleine weißliche Fliegentier bedeute, das er gerade jetzt, als er angestrengt und vorsichtig auf sein gutgefülltes Maß blickte, auf der dunklen Oberfläche des Weines entdeckte.

»Was weiß ich davon«, sagte er in einem Tonfall, der sanft und störrisch zugleich klang, und ging an den Tisch, wo der Wein bestellt war.

»Hoffentlich nichts«, murmelte Giovanni vor sich hin, nur seine Nachbarn konnten es hören, »bei der Madonna von Positano, hoffentlich nichts!«

Er leerte sein Glas, das noch fast voll war, mit einem Zug, schlug mit dem dickwandigen zylindrigen Becher auf den Tisch, daß alle in der Schenke zusammenfuhren, stand langsam auf und ließ seine im Fett sitzenden schwarzen Augen von einem zum andern gehn.

»Der Barone«, setzte er schließlich mit einer Stimme an, die sich wie ein Schritt im Dunkeln bewegte, »ja, das wissen wir alle, er ist nicht nur ein gelehrter Mann, sondern auch ein Signore. Er hat mit mir oft gezankt und sich in alles eingemischt, das ist wahr, und wir sind nun Feinde. Aber ein Signore tut so etwas nicht. Und ich will es nicht noch einmal hören, und ich will auch nicht, daß einer von euch es glaubt. Denn was man für möglich hält, ist schon halb geschehn!«

Damit ließ er sich auf seinen Stuhl fallen und blickte wieder in seine Karten, doch schien er die Bedeutung der Figuren, ja sogar die Spielregeln vergessen zu haben, denn er warf stumm und ohne Anteilnahme Blatt um Blatt auf den Tisch, daß seine Mitspieler die Stirnen runzelten und einander telegraphierende Blicke zuwarfen. Immer wieder winkte er Vito mit dem Daumen heran und ließ sich das Glas füllen. Sooft der Sohn neben ihm stand und den roten Wein eingoß, sagte Giovanni leise: »Wirklich – es wäre entsetzlich!« Oder: »Ganz gewiß, Vito, entsetzlich!«

Oder er seufzte nur: »Madonna!«

Es war noch nicht Zeit zum Schließen, als Giovanni die Karten mitten im Spiel hinwarf, aufsprang und zur Tür eilte. Von dort rief er Vito zu: »Du brauchst mir heute abend den Schlüssel nicht zu bringen. Ich bin morgen auswärts. Ich geh' auf Weinkauf!«

Ohne Gruß und ohne die Türe zu schließen ging er in die Nacht davon. Er hatte die schmale Gestalt, die in einen dunklen Mantel gehüllt neben der Schenkentür stand und sich, als er vorüberging, leicht in den Winkel der beiden Hauswände drückte, überhaupt nicht bemerkt.

Bouterwek begann, kaum daß der harte Schritt des Alten auf der Straße verklungen war, dem Davongegangenen in kratzigem Flüsterton allerlei nachzurufen, nannte ihn zwischendurch sogar wie die andern »Pharao« – und in einem Atem einen grindigen Geizhals und alten Teufel. Indem näherte sich Vito der offenstehenden Tür. Bouterwek rief ihn beim Namen und bat ihn auf ein Wort heraus. Vito blickte, ehe er zu Bouterwek trat, den Kopf vorreckend die Straße hinauf und hinab. Wieder halb in die Tür zurücktretend, fragte er mürrisch, was denn los sei, er habe keine Zeit, er müsse bedienen.

»Das mußt du – in alle Ewigkeit – bedienen ...« Bouterwek lachte durch die Nase.

»Was wollen Sie, Signor Barone?« Vitos Stimme klang ein wenig gereizt.

»Er fährt morgen auf Weinkauf?« fragte Bouterwek.

»Ja, morgen«, Vitos Stimme klang ausdruckslos. Und als Bouterwek zweimal vergnügt vor sich hin flüsterte: »Ausgezeichnet!«, fragte Vito: »Woher wissen Sie das?«

»Er hat es doch selbst allen Leuten gesagt«, antwortete Bouterwek.

»Wie lange stehen Sie schon hier?« Vito blickte Bouterwek in dem schwachen Schein, der durch die Scheiben fiel, erwartungsvoll an.

»Wie lange? Er platzte zur Tür heraus, gerade als ich beabsichtigte, einen Blick durch die Scheiben zu werfen. Ich wollte mir den Alten noch einmal in seiner ganzen Pracht anschauen, eh es passiert. Warum ging er heute so früh nach Hause?«

Vito zuckte mit der Achsel. Und er spähte über die Schulter in die Schenke hinein, ob ihn jemand brauche.

Bouterwek sagte leise: ja, nun werde er demnächst allein in der Schenke wirtschaften können, wenigstens so lange, bis über die Sache Gras gewachsen sei ... Er lachte durch die Nase. Denn das sei gewiß, er kenne den alten Gecken: der werde sich nicht eher wieder zeigen, bis er mit einem hinreichend starken Haarbüschel seinen zahnlosen Mund verbergen könne.

»Er hat noch alle Zähne.« Vito hatte das ohne zu überlegen im Tone einfachen Feststellens gesagt; doch weil er flüsterte, klang es wie aus dem Traum. Als drinnen eine Stimme nach ihm rief, fuhr er wie erwachend zusammen und sagte, ein wenig zu laut in der Eile: »Ich habe mit dieser Sache nichts zu tun! Ich weiß nichts! Und ich will auch nichts wissen!«

Damit eilte er hinein. Bouterwek starrte ihm einen Augenblick sprachlos nach, dann spuckte er aus und knirschte: »Trampeltier, knie nieder! Was sich zum Tragen eignet, soll nicht reiten!« Solche und ähnliche Sätze stieß er, die scharfen Lippen vorstülpend, in die lauflatternde Vorfrühlingsluft, während er auf der menschenleeren Straße zu Matteos Haus, dicht an den Mauern entlang huschend, hinaufschritt.

Im Laufe des folgenden Tages – es war ein Samstag – fragte Bouterwek mehrmals nach Pietro. Der Kleine sollte aus dem »Zarathustra« fünfzig mit einem Bindestrich zusammengesetzte Wörter heraussuchen und aufschreiben, hatte aber seit einer Woche schon, statt die Arbeit abzuliefern, den Signor Barone auf jeden kommenden Tag vertröstet. Als er nach dem Mittagessen noch immer nicht erschienen war, erklärte Bouterwek dem Hotelbesitzer und seiner Frau, die nach dem Jungen schicken wollten – nein, nein, es sei ganz umsonst, Pietro zu suchen. Der treibe sich irgendwo herum, weil er seine Schulaufgaben für ihn – Bouterwek tupfte lächelnd gegen die Perle auf seiner Krawatte – nicht erledigt habe. Während er nun seinen Tee trank und seine Augen gegen die angreiferische Häßlichkeit der bunten Glasornamente in den Fenstern des Speisesaals schloß, rief er sich Pietros Aufgabe in sein Bewußtsein und genoß dabei Worte wie Löwen-Willige, Brause-Wind, Gewalt-Herr, Flut-Tierbändiger, Hau-schau-wen, After-Weisen ... Zwischendurch sah er auf die Uhr, schätzte, wo sich in diesem Augenblick Matteo, der Bologneser, und der Alte ungefähr befinden konnten, überlegte, um wieviel Uhr er zur Chiesa nuova hinaufsteigen solle und ob es rätlich sei, in der Schenke die Ankunft des Alten zu erwarten, oder wie sonst vor der Tür den Zaungast zu machen. Und er malte sich aus, wie der Pharao von Positano schwankend in die Schenke trat, ahnungslos seinen geschändeten Schnurrbart den Blicken darbietend, und wie alle zu kichern begannen, zu lachen, zu wiehern, sich auszuschütten. Und Bouterwek probierte, indem er einen Schluck des duftenden, herben Tees auf seiner Zunge zerdrückte, andre mit einem Bindestrich zusammengesetzte Wörter aus dem »Zarathustra«: Schweine-Art, Götter-Mutwillen, Adler-Magen ... Und er erfand mit geschlossenen Augen neue Zusammensetzungen: Erwartungs-Prickel, Torero-Ethik, Einhorn-Schnurrbart, Arena-Gelächter, Wutherz-Infarkt ...

An diesem Samstagmorgen hatte Matteo, der Bologneser, zwei seiner Jungen nicht zur Schule gehen lassen, sondern sie auf den Weg nach Sorrent hinter Kakteenbüschen postiert, damit sie aufpaßten, ob Giovanni Cinque auch wirklich auf Weinkauf ausgefahren sei, und um wieviel Uhr, und ob er allein oder wer bei ihm gewesen sei. Bereits gegen zehn Uhr meldeten die Jungen, daß der Alte allein mit einigen Korbflaschen im Wagen gegen »die Hügel« gefahren sei. Von dort nahm er gewiß den Weg über Castellamare nach Gragnano. Auf der Heimfahrt pflegte dann Giovanni jedesmal bei der Reginella auf den Hügeln einzukehren, und hier erst, in der Schenke der reizenden Wirtin, gab er sich, nachdem der Einkauf mit der gebotenen Nüchternheit und Umsicht geschehen war, dem Weingenuß rückhaltlos hin. Er ließ sich von der fülligen, fröhlichen Fünfzigerin dort Schinken, Salami und Artischockenböden auftischen, und wie's der Brauch schon fast wollte, gehörte es dazu, daß die gesunden, festen Oberschenkel der auftragenden Wirtin gewissermaßen mitserviert wurden, indem der Gast, wenn er der Reginella gefiel, mit tätschelnden oder kneifenden Fingerspitzen sich bedienen durfte. Während nun die Reginella fast allen Gästen, sofern sie zärtlich geworden waren, zu den verschiedenen Posten des Verzehrten auch noch den von drei oder gleich einem halben Dutzend »Kneiferchen« oder »Zarthändchen« aufnotierte, kam ihr das bei Giovanni, der herzhafter zugriff als alle, nie in den Sinn.

Das alles war bekannt, und Matteo wußte, wo er auf Giovanni zu stoßen habe und vor allem zu welchem Zeitpunkt. Denn es kam die Stunde – so etwa gegen zehn –, daß der Mann der Reginella und dessen Bruder den Giovanni zu seiner Carozza brachten und sanft hinaufhoben und seinem Wallach einen Schlag auf die Hinterbacken gaben, womit dann jedesmal die letzte Phase von Giovannis Weinreise begann. Er saß, von der eigenen Schwere festgehalten, auf dem Bock, der fast halslose Kopf ruhte zwischen den mächtigen Schultern, fiel auch manchmal nach vorn oder zur Seite, wobei Giovanni jedesmal eine Sekunde leicht erschrocken erwachte, das Pferd anknurrte und gleich wieder einschlief. Es galt also, so hatte sich Matteo ausgerechnet, den Alten entweder im Augenblick der Abfahrt bei der Reginella, wenn ihn die Männer in den Wagen gehoben hatten, unbemerkt zu erreichen – oder während der Fahrt.

Matteo hatte gegen Abend seinen Wagen angespannt, war bis auf »die Hügel« gefahren, hatte bei einem Bauern gegessen, einen Liter Weißen getrunken, schläfrig auf die Lichter des Neapolitanischen Golfes gestarrt, ein halbes Päckchen Militare geraucht und war dann zu Fuß um die Schenke gestrichen, in welcher er Giovannis ausgelassene

Posaunenstimme und die hellen Trompetenkadenzen der vergnügten Wirtin vernahm. Matteo, der Bologneser, hatte lange und hingegeben gelauscht und manchmal sogar leise mitgelacht und voll Zustimmung zu den Ausrufen des Alten genickt, daß er am liebsten umgekehrt, nein, sogar in das Licht der Schenke eingetreten wäre, um mitzutrinken, mitzulachen, — doch damit hätte er, das war Matteo ganz klar, seine Ehre dem Teufel unter den Schwanz gesteckt. Immer wieder malte er sich, um hart zu bleiben, in seiner Erinnerung jene fünf Minuten aus, als Giovanni in Begleitung zweier seiner Söhne, die von ihren Kutschböcken gesprungen waren, hinter der Kirche bei der Post auf ihn zugetreten war und ihm in wenigen Worten erklärt hatte, daß dem Signor Barone von heute ab keine Carozza mehr in Positano zur Verfügung stehe. Als Matteo, zuerst nichts begreifend, schließlich aufbegehrte: was das Ganze solle — hatte ihm Giovanni nur erklärt: dieser Fremde sei eine Pest, er führe sich auf, als wäre er der Herr von Positano. Sofort hatte Matteo den drei Cinques bis hinter die Ohren errötend mit zitternder Stimme geantwortet: dieser Barone möge sich seinetwegen als der Herr der Welt fühlen — wenn er von ihm, dem Bologneser, gefahren sein wolle und zahle, dann werde er ihn fahren. Giovanni hatte darauf nur die Augen gekniffen und den Schnurrbart streichelnd ihn aufmerksam betrachtet. Die Söhne des Giovanni hatten ihn auf ähnliche, unangenehm ruhige Weise angesehen. Schließlich hatte Giovanni gesagt: »Hör zu, Matteo, es ist besser für dich, wenn du ihn nicht fährst! Du gehörst zu uns.« Mit dem hatten sie ihm ihre breiten Schultern zugekehrt und waren gegangen. – Aber meine Schultern, so dachte sich Matteo, da er nun dieses Gespräch und das Weggehen der drei Cinques zum wievielten Male überdachte, sind noch breiter. Er lehnte sich an die Mauer aus Bruchsteinen und fühlte die Kühle des Steins und seine Härte und wurde sehr ruhig. Und er beschloß, ein Stück vorauszufahren, Wagen und Pferd irgendwo an einer Kehre, wo der Weg breiter oder eine Lücke im Wegmäuerchen war, abzustellen und zu warten. Im Dahinrollen auf dem Asphaltband der Uferstraße mußte Matteo feststellen, daß Giovanni die Nacht richtig gewählt hatte: über dem Meer stand der zunehmende Mond und spendete soviel Licht, daß man sich um das Pferd nicht zu bekümmern brauchte. Der Wagen ratterte – immerhin macht er soviel Geräusch, überlegte Matteo, daß ich, der ich nicht trunken bin, den Schritt eines neben dem Wagen einhergehenden Mannes nicht hören könnte. Trotzdem zog er, nachdem er Pferd und Wagen unter dem Dunkel einer vorhängenden Karube verborgen hatte, die Schuhe aus und ging der Carozza des Giovanni auf seinen Wollsocken entgegen; vor »den Hügeln« an der Haarnadelkurve, die jedes Pferd mit Vorsicht nahm, wollte er im Gebüsch warten.

Bouterwek war bereits um neun zur Chiesa nuova hinaufgestiegen. Im Tabakladen hatte er, um seiner Erregtheit Herr zu werden, ein Gespräch versucht mit der Frau des Tabacajo, einem Gemüsehändler und einem Schreiner. Doch sie hatten ihm alle drei nur mit Ja und Nein geantwortet, und er war, auf diese Duckmäuser, Zukreuze-Kriecher und Lauer-Seelen in scharfem Geflüster schmälend, mit hochgezogenen Schultern fortgegangen. Auf der andern Straßenseite sah er den Friseur vor der Ladentür stehen. Wenn er sich rasieren ließe, so überlegte er, war leicht eine halbe Stunde des aufregenden Wartens vorüber. Indes – Sigismondo zog sich, als er Bouterwek herankommen sah, zurück und drückte ihm die Ladentür vor der Nase zu. Bouterwek warf sich heftig dagegen, daß die alte Tür zwei rechte Winkel auf einmal durchlief und den geweihten Olivenbüschel vom letzten Palmsonntag zerquetschte.

»Was sind das für Manieren, Sigismondo«, fuhr er den Friseur an. In seiner Verwirrung wiederholte der noch ziemlich junge Mann, die trockenen Olivenblätter von den Fliesen auflesend, fast dieselben Worte.

»Du hast mir die Tür vor der Nase zugeschlagen!« rief Bouterwek.

»Ich wollte schließen«, sagte Sigismondo, er hatte sich nun gefaßt, »es ist sieben.«

»Du hast noch nie um sieben geschlossen! Du hast mich schon um zehn abends rasiert. Also lüge nicht und rasiere mich!« Bouterwek ging zu dem Sessel vor dem großen Spiegel und setzte sich sehr umständlich und mit steifem Rücken hinein. Sigismondo näherte sich mit schleppendem Schritt, sah Bouterwek im Spiegel an, strich ihm einmal mit dem Finger über die Backe und sagte: »Sie sind ja rasiert!« Bouterwek bemerkte starr geradeaus blickend, wie seine muschelhaft scharfen Lippen sich zu einem Strich aufeinanderdrückten. In der Tat hatte er sich erst nach dem Mittagsschlaf – und zwar auch schon, um die zähe Zeit mit irgendeinem Tun flüssiger zu machen –

sorgfältig rasiert. Er überlegte, ob er dennoch auf der Rasur bestehen solle, und gewahrte, wie er langsam rot wurde. Er wußte es plötzlich, daß er verlegen sei – vor seinem Friseur, und nun errötete er über sein Erröten, ein purpurner Schwall ergoß sich über seine helle, zarte Haut bis in die Ohren hinein.

»Richtig«, murmelte er und versuchte ein Lächeln, aber der Spiegel zeigte ihm, daß es eine Grimasse war. »Also schneid mir die Haare, weil ich schon einmal da bin.«

Sigismondo ließ nun, die vollen Lippen vorgestülpt, seinen Blick in abschätzigem Prüfen über Bouterweks dünnes, auf dem Scheitel schon gelichtetes Haar gehen. Schließlich schüttelte er den Kopf, bedauernd: »Was wäre da zu schneiden! Diese deutsche Art: rundherum nichts, nur obendrauf etwas – gefällt mir ohnehin nicht.«

Bouterwek riß seinen Blick aus dem Spiegel und schoß über seine Schulter hinauf seinen blauesten Blitz. »Was fällt dir ein, Bursche! Du wagst es, statt zu gehorchen, meinen Haarschnitt zu kritisieren?«

»Was heißt hier kritisieren, Signor Barone.« Sigismondo machte eine bescheiden abwehrende Bewegung, doch gleich darauf hob er den Finger, »aber mit der Schere soll man vorsichtig umgehen, geschnitten ist geschnitten, und es läßt sich kein Haar mehr zurücktun.«

»Was schwätzt du da?« Bouterwek war nun richtig in Wut geraten. »Ich habe mir die Haare vor mehr als einem Monat an der Marina schneiden lassen. Hier – hier –«, und er griff sich in sein Haar, als wollte er es raufen, »es ist viel zu lang. Und du sagst, es gebe da nichts zu schneiden!«

«Wirklich nicht.« Sigismondo blickte an Bouterweks Gesicht vorbei. Darauf ging er zur Tür und trat auf die Straße. Von dort her sagte er in fast vertraulichem Tonfall: »Und es ist sogar besser für Sie, Signor Barone, wenn Sie sich die Haare in Positano nicht mehr schneiden lassen, ich meine es gut mit Ihnen.«

Bouterwek stand mit einem Sprung neben Sigismondo. »Ich ahnte es doch! So stehn wir also! Aber du wirst verstehen, lieber Sigismondo«, Bouterwek zeigte die Zähne in einem hilflosen Lächeln, »diese Sache kann ich natürlich nicht auf sich beruhen lassen, nicht wahr? Es muß festgestellt werden, ob das erlaubt ist, daß mir die Kutscher, die Friseure und wer demnächst sonst noch alles ihre Dienste verweigern, nur, weil dieser alte Maffioso-«, Bouterwek brach mitten im Satz ab und schöpfte, die Brust hervorpressend, einmal tief Atem.

»Ich weiß nicht, was Sie meinen, Signor Barone«, sagte Sigismondo und breitete bedauernd die Arme neben sich.

Bouterwek schritt, das Kinn vorgereckt, auf die Straße. Einige kleine Jungen, die sich im Spiel auf der Erde herumwälzten, sprangen, als sie seinen weißen Anzug erblickten, auf und stoben auseinander. Er achtete nicht auf sie und verstand auch nicht, was sie riefen. Vom Dom herauf drang durch den Abend ein kleines Geläute. »Glokken, Klang auf Socken, einlullend, weinerlich sinnloses Lallen«, murmelte er, blieb seinen Worten nachhorchend stehen und blickte sich wie erwachend um: die Sonne war untergegangen; die Mauern waren schon nicht mehr weiß; die Kanten der Häuserkuben wurden weich; die Schlucht hauchte über die braunen Terrassen ihren grauen

Atem herauf, die blühenden Mandelbäume vergingen darin. Das Stück Meer, das zwischen den Häusern bis auf den Horizont hin zu sehen war, wurde schwer und ungestalt; der Himmel war dabei, seine letzten Fahnen einzuziehen. »Ach, wessen Auge dunkelte nicht in solcher Dämmerung!« murmelte er und blickte sich dabei aufs neue spähend um, ob ihn niemand gehört habe. Und er zitierte weiter: »O du mein Wille! Du Wende aller Not! Du meine Notwendigkeit! Es muß geschehen!«

Mit diesen Worten überquerte er die Straße und öffnete die Tür zur Schenke des Giovanni Cinque. Es war niemand drinnen als Vito. Der war dabei, den Zylinder der Petroleumlampe zu säubern. Am Tisch in der Mitte saß der Fischverkäufer Michele – seine Augen, noch blauer als die Bouterweks, glitzerten bereits. Vito hatte, kaum daß er sah, wer eingetreten war, den Zylinder vorsichtig auf den Tisch gelegt. Als er weiterrollte, griff er hastig danach, aber es war zu spät: die Glasröhre zerklirrte auf den Fliesen. »Geh zum Teufel«, schrie Vito.

»Geh, kauf einen neuen!« sagte Bouterwek und setzte sich zu Michele. Der Fischhändler saß vollständig regungslos da und stierte sein Gegenüber an. Der feuerrote Bart hing ihm bis auf die Brust. Im struppigen Haar entdeckte Bouterwek einige Strohhalme.

»Ich weiß, wo du letzte Nacht geschlafen hast, Michele.« Bouterwek lächelte leutselig. »Ja, deine Frau hat dich nicht ins Haus gelassen, und da hast du im Stall geschlafen, nach alter Seeräuberart! Weißt du eigentlich, wie du nach Positano gekommen bist? Einer deiner Ahnen hat das Herzogtum Benevent mit begründet. Das war eine Rasse!

Ihre Knechte noch hätten hingereicht, hier am Mittelmeer als Könige zu herrschen. Groß und langbeinig schritten sie von Berg zu Berg, in ihren Augen das kalte grausame Feuer der blauen, unersättlichen Unendlichkeit. In der Zeit, in der andre ein Lager aufschlugen, gründeten sie mit ihrem Schwert ein Reich ... Ja, Michele, du stammst aus der Normandie! Weißt du, wo das ist?«

Der Trunkene gab mit keinem Blick und mit keiner Regung seines Gesichtes zu erkennen, ob auch nur ein Wort in sein Inneres gedrungen sei; ohne Wimpernschlag starrte er Bouterwek in die Augen.

»Und früher wohnten deine Vorfahren noch weiter im Norden. Du hast ein ganz andres Blut als die übrigen Positanesen, es ist kühler, edler, stolzer! Deine Vorfahren haben den andern den Stempel aufgedrückt. Sie formten die Völker wie Wachs. Auch hier in Positano blieben ihre Spuren zurück: am Campanile das Relief, die Pfeilerkapitelle drunten an der Marina – und du, ja du, Michele, du bist auch eine Spur des königlichen Vorbeizugs. Das dürftest du nicht vergessen. Du solltest nicht derart saufen, sondern arbeiten und dich sauber halten, dir Schuhe anziehen, überhaupt Wert auf deine Erscheinung legen. Wenn du willst, kaufe ich dir einen Anzug, willst du?«

Jetzt kam Leben, noch nicht in das Gesicht, doch in die Hand, in die Finger des Fischhändlers. Der Zeige- und der Mittelfinger seiner Rechten begannen wie die Messer einer Schere hin und her zu zucken. Und mit dem Ellbogen langsam vorrückend, vollführte er nun unaufhörlich dieselbe Bewegung, bis er fast die Lippen Bouterweks berührte, welcher langsam und die Augen immer weiter aufreißend sich gegen die Stuhllehne drückte. »Was soll das!« rief er endlich. Nun erst kam Leben in Micheles Miene, er lächelte nachsichtig, schüttelte den Kopf und stammelte: »Nein, Barone – das bringt Ihr nicht fertig! Der Faraone hat hundert Haare im Bart – tausend –, so stark ist er: Söhne, Enkel und Freunde! Und Ihr, Barone? Alles glatt! Nichts!« Und der Trunkene begann, sich mit beiden Händen in den roten Vollbart greifend, aus vollem Hals zu lachen.

In diesem Augenblick trat Vito herein, er hielt in der Hand den neuen Glaszylinder. Bouterwek sprang ungestüm auf und trat auf ihn zu: »Du hast geschwätzt«, keuchte er, »nur du kannst es gewesen sein, du allein!«

Vito hatte gerade die Hand nach der Petroleumlampe ausgestreckt, um ihr den Zylinder aufzutun. Er blickte in dieser gereckten Haltung Bouterwek mit verdrehtem Kopf und vollständig verständnislos an, er konnte nicht einmal eine Frage stellen.

Bouterwek zeigte mit dem Daumen zu Michele hin, der die Arme quer auf den Tisch gelegt hatte und das Kinn auf die Hände stützte. Grinsend betrachtete er Bouterwek und murmelte kopfschüttelnd: »Das bringt er nicht fertig! Tausend Haare! So stark ist der Faraone, so stark wie ganz Positano!«

»Du hast es ihm verraten, Vito, gestehe es nur ein!« Bouterwek zeigte Vito eine Miene voller Gram und Enttäuschung. »Er weiß die Sache – das mit dem Bart –«

»Das? – Das weiß ganz Positano«, sagte nun Vito, steckte den Zylinder in das Blechkrönchen, nahm ihn dann sich erinnernd ab, entbrannte ein Phosphorhölzchen und hielt es an den Docht. Wieder steckte er den Zylinder auf, und es wurde hell zwischen ihnen.

»Wenn schon einer in sein Tagebuch alles hineinschreibt, was er tun will«, fuhr Vito im Ton einer ihm in der letzten Zeit eigenen Gereiztheit fort, »dann sollte er das Buch nicht offen herumliegen lassen. Auf keinen Fall sollte er dem Kellner eben diese Sprache beibringen, in der er seine Geheimnisse dem Buch mitteilt.«

»Pietrino?« Bouterweks Lippen zuckten, als sie diesen Namen aussprachen.

»Wer denn sonst?« Vitos Stimme klang beinahe grob. In diesem Augenblick ging die Türe auf, und es traten einige Männer ein, unter ihnen drei von Vitos Brüdern. Sie hoben Michele samt seinem Stuhl auf, setzten ihn in den Winkel, nahmen unter der Lampe Platz und blickten Bouterwek so fragend an, daß er aufstand und sich an einen andern Tisch setzte. Alle wußten es also, und mithin, so sagte sich Bouterwek, durfte er jetzt unter keinen Umständen das Lokal verlassen. Er mußte den Harmlosen, den Unwissenden spielen, wenn der Alte heute abend mit seinem halben Schnurrbart hereintrat. Mochten sie auch alle wissen, daß er seine Hand im Spiele hatte, – keiner konnte ihm beweisen, daß er aus der Ferne die Hand des Täters geführt hatte. Unter diesen Umständen war es allerdings ratsam, die gewissen Seiten in seinem Tagebuch zu entfernen – nein, das ganze Tagebuch mußte verbrannt werden. Dieser dumme Junge, der nicht richtig Deutsch verstand, hatte einfach aus Unverstand ein Gerücht in Umgang gesetzt.

Und Bouterwek beschloß, sofort ins Hotel hinabzusteigen, das Tagebuch verschwinden zu lassen und gleich wieder zurückzukommen. Mit dieser Tätigkeit hätte er zugleich auch eine weitere Stunde des Wartens, das ihm an den Nerven fraß, überbrückt. So erhob er sich, rief Vito zu, daß er bald wieder da sei – er solle ihm seinen Platz reservieren.

Als er nach etwa anderthalb Stunden, er hatte auch schnell noch einen Bissen zu sich genommen, wieder in die Schenke eintrat, war der Raum mit Einheimischen und Fremden dicht gefüllt; der Stuhl, den er für sich reserviert haben wollte, war besetzt. Er winkte Vito herbei und wies mit dem Daumen auf den Platz hin, den der Gemüsehändler eingenommen hatte. Vito hob ebenso stumm die Schultern und verschwand mit seinem Blechmaß zwischen den Gästen. Noch vor wenigen Wochen wären wahrscheinlich gleich drei Einheimische aufgesprungen und hätten dem Signor Barone mit freundlichem Lächeln ihre Stühle angeboten. Heute indes, da sie die Schenke, als wäre es ein Festtag, anfüllten, nur um den vom Weinkauf heimkehrenden Alten zu begrüßen, heute kümmerte sich niemand um ihn. Noch nie hatte Bouterwek den Bann, der auf ihm lag, durch alle Poren so deutlich wahrgenommen wie jetzt, da er aufrecht zwischen den breit Dasitzenden stand und sich nicht niederlassen konnte. Damals, als er von der Reise zurückkam, hatte er zwar in den ersten Stunden die unsichtbare Wand gespürt, die dieser Maffioso zwischen ihm und den Einheimischen aufgerichtet hatte, aber die Leute waren doch noch höflich gewesen; manche, vor allem die Frauen, erinnerten sich immer wieder der zahlreichen Wohltaten, die durch ihn der Stadt zugeflossen waren. Jetzt aber blickten sie – »diese Taranteln«, seine Lippen bewegten sich kaum – stechend aus den Augenwinkeln hervor, schoben ihn mit ihren Blicken gegen die Tür oder spannen um ihn mit Augen, als sähen sie ihn nicht, eine Tarnkappe, stießen mit den Schultern und Ellbögen gegen ihn und baten nicht, wie sie es sonst voll Höflichkeit zu tun pflegten, um Entschuldigung, nicht einmal »oh« sagten sie, nichts. Aber ich bleibe, so sprach es in ihm, sie sollen heute abend erfahren, wie sicher und schön ich meinen Feinden zu begegnen weiß. Und er lehnte sich im äußersten Winkel mit den Schultern an die Mauer und blickte lächelnd und von fern über ihre Köpfe hin. »Ich bin wirklich wie unter Tieren«, murmelte er in sein Glas, das allein ihm etwas Nähe und Trost spendete.

Es ging gegen elf, als auf der Straße lautes Peitschenknallen und das Rollen eines Wagens hörbar wurde. Am Tisch unter der Lampe sprangen sofort einige Männer hoch und eilten hinaus. Es dauerte nicht lange, da führten, während draußen die Söhne das Pferd ausschirrten und die Korbflaschen in die Kantine trugen, zwei Männer den Alten herein. Sie hatten ihn rechts und links unter den Arm gefaßt, aber nicht so, als leisteten sie ihm Hilfe, sondern als zögen sie ihn wider seinen Willen in die fröhliche Gesellschaft der Wartenden. Giovanni hatte den Kopf zuerst auf die Brust herabhängen, dann warf er ihn mit einem posaunten Jubellaut in den Nacken zurück und rief: »Nur Männer hier? Keine Frau, keine einzige? Schafft mir eine Frau her, eine wie die Reginella! Heiraten werd' ich, heiraten, noch vor dir, Vito, noch vor dir, – wo bist du?«

Damit war Giovanni in den gelben Lichtkegel der Petroleumlampe getreten und blickte suchend nach seinem Ältesten umher. Der näherte sich langsam dem Tisch, hinter dem der Vater stand. Plötzlich blieb er stehen und riß die Augen weit auf und erbleichte bis in die Nasenspitze. Nun erst geschah es, daß die andern, von Vitos scharf hinweisendem Blick gelenkt, den Eingetretenen genauer und schließlich auf die gleiche Weise wie Vito ansahen. Giovanni war vom Rausch noch keineswegs in sich abgesondert. Er bemerkte, daß der Blick seines Sohnes vor ihm zurückwich, daß alle Stimmen im Raum sich duckten. Zwischen Giovannis Augenbrauen entstand langsam eine steile Falte, offenbar war er über diesen gedämpften Empfang beleidigt. Da zerplatzte unter dem lautlosen Gewölbe eine Stimme in einem zuerst leisen, dann immer lauter gellenden Gelächter. Bouterweks Augen irrten umher, er kannte doch die Stimme – ah, Michele! Und nun schrie auch schon der Betrunkene: »Geh, Faraone, geh schlafen! Zeit für dich, hohe Zeit!« Bouterwek sah, wie Giovanni gegen Michele herumfahrend mit donnernder Stimme rief: »Werft das Schwein hinaus!« Während einige der Männer in einem lächerlich wirkenden, nämlich angstvollen Übereifer diesem Befehle nachkamen, hob Giovanni die Rechte, griff sich nach dem Schnurrbart und streichelte und zwirbelte ihn. Bouterwek stellte sich vor, was jetzt geschehen wäre, wenn Giovanni statt der Rechten die Linke gehoben und ins Leere, vielmehr in die Stoppeln hineingegriffen hätte. Diese breiige, lähmende und doch erregende Kälte, die ihm in den Nerven saß – ja, das war Angst! Und um sich vor sich selbst zu rechtfertigen, machte er sich klar, daß seine Angst durchaus begründet sei. Denn was geschehen konnte, wenn der Alte die Schändung seines Gesichtes bemerkte und zugleich ihn, seinen Feind, von dem er wußte, daß er ihm diese Demütigung angedroht hatte, hier entdeckte, — das war nicht vorauszusagen. Er überlegte, unter wessen Hut er sich begeben könne; er flüsterte das Wort Hut sogar vernehmlich — und vor seinem inneren Auge erschien wie eine Antwort der schwarze Zweispitz der Carabinieri. Er schüttelte die ihn demütigende Vorstellung ab. Während er so an der Wand lehnte, peinigte ihn vor allem die Lächerlichkeit des Umstandes, daß seine Gesundheit, ja, vielleicht sein Leben davon abhänge, ob ein alter, nach Knoblauch stinkender, betrunkener Schenkenwirt sein Selbstgefühl im Streicheln der rechten oder linken Schnurrbartseite zur Schau stellte. Von dieser Angst schien aber nicht nur Bouterwek befallen. Nachdem Michele entfernt worden war, und zwar gründlich, indem ihn einige Männer bis nach Hause begleiten und dort im Stall einsperren wollten, blieb noch die andre Gefahr, daß Giovanni die Sache mit seiner eignen Hand entdeckte. Vor allem waren es, wie Bouterwek bemerkte, Giovannis Söhne, die den Vater bei jeder seiner Bewegungen im Auge behielten, nicht anders, als wäre er ein Schwerkranker, der sich mit der nächsten Bewegung den Verband von der Wunde abreißen könnte. Und wenn sie zu ihm, dem Urheber dieser in der Tat verwünschten Lage herüberblickten, verriet ihr Blick nicht so sehr Wut und Beleidigtsein als Ärger und Sorge. Bouterwek begriff diese Augensprache der Söhne. Sie sagten ihm ganz einfach: das kann eine böse Geschichte geben! Wir müssen dich am

Ende noch heute nacht zu einem Spaziergang einladen und dich irgendwo in eine Schlucht hinabwerfen, du blöder Kerl, und hernach haben wir's mit den Gerichten zu tun. Also mach dich fort, eh er's merkt!

Aber obgleich von den Einheimischen einer nach dem andern aufstand und mit einem ebenso gespielt gleichgültigen wie freundlichen Gruß die Schenke verließ – sie dachten wohl schon an Verhöre und Gerichtsverhandlungen und alle die damit verbundenen Unannehmlichkeiten, denen sie weise auszuweichen gedachten –, Bouterwek, welcher nun endlich einen Stuhl gefunden hatte, blieb. Er trank vorsichtig an einem Glas Marsala, blickte auf die Uhr und verordnete sich immer aufs neue, fünf weitere Minuten sitzen zu bleiben: es galt, durch Ruhe jede Mittäterschaft abzuleugnen. Für jene aber, die sich nicht täuschen ließen, sollte sein ruhiges, zwar nicht lächelndes, nein, das nicht!, aber doch entrücktes Dasitzen ein Schauspiel seines Mutes und seiner Überlegenheit sein. Einmal strich Vito dicht an seinem Tisch vorbei und murmelte: »Gehen Sie nach Hause, Barone! Fahren Sie ab! Morgen in aller Frühe!« Indes – da saßen noch zwei Fremde, es waren sogar Landsleute! Sie hatten ihn ohnehin genau wie die Einheimischen mit ihren Blicken ausgelassen oder aber richtig durchbohrt. Überdies: Giovanni saß nahe an der Tür, und so müßte er dicht an dem Alten vorbeigehen ...

Am großen Tisch hatte man mittlerweile auf jede Weise versucht, Giovannis Aufmerksamkeit zu lenken und zu fesseln: sie brachten ihm Wein, um ihn vollends trunken zu machen; ein junger Matrose, der auf Urlaub war, machte Kunststücke mit Münzen, Streichhölzern und Karten. Schließlich hatte einer der Söhne den Einfall, aus dem Nachbarhaus eine Gitarre zu holen. Er legte sie dem Vater in den Arm, und alle baten ihn im Chorus um ein Lied.

Bouterwek sah den Augenblick, da sich der Trunkene lächelnd über die Gitarre beugte, als günstig an, um an ihm vorbei unbemerkt zur Tür zu gelangen. Sein Türeschließen wurde von einigen Akkorden, die breit und stark unter Giovannis Griff aufstiegen, zugedeckt. Aufatmend stand er draußen. Indes – er lief nicht, wie es seine Beine eigentlich wollten, weiter; er blickte durch die Scheiben zurück und sah, wie die Männer, die Augen auf Giovanni gerichtet, seinem Lied zuhörten, lächelnd, wirklich, sie lächelten und wiegten sanft die Köpfe, einige klopften mit den Fingern den Takt auf dem Tisch.

Bouterwek verstand den Text nicht ganz, es war Neapolitanisch. Giovanni sang von Sonne und Nelkenduft und Leuten, die vor den Schenken Wein trinken, während neben ihnen die Rosen fast hörbar aufbrechen und Mädchen zu den Klängen einer kleinen Musikbande tanzen. Und jedes Gesicht lacht, weil die Fastenzeit mit allem Drum und Dran endlich vorüber ist. Deshalb das Geschieße und Glocken und Gloria! Und diese Luft wie Jungmädchenküsse! Herrgott, ist das ein Frühling!

Und Bouterwek hört und sieht, wie sich dieser Siebzigjährige mit dem jungen Mann im Lied, der die zarte Allgewalt des neapolitanischen Frühlings besingt, vollständig eins fühlt; er hört und sieht, wie Giovanni mit den Schönen flüstert, die auf dem Posilip auf ihn warten; wie die eine mit Tränen ihm Vorwürfe macht, die andre seufzend Frieden schließt und die dritte zum Knüppel greift und ihn durchwalkt. Doch da schreckt Bouterwek zusammen: »Plötzlich sind fünf, sechs Kerle hinter mir her«, singt Giovanni, und der mit den Fingerspitzen geklopfte Takt der Zuhörer wird nun heftig, gefährlich ... Endlich lachen sie wieder, sie lachen über den frühlingstollen, zwanzigjährigen Burschen, der da vor ihnen sitzt und sich hin und her schwenkt; sogar Vito lacht über diesen Vater, der den Kopf in den Nacken wirft und aus tiefster Brust hervororgelt: »Sole, caruòfane, femene belle!«

»Alter Hirsch«, murmelt Bouterwek, aber es klingt eher fassungslos als vorwurfsvoll. Und Giovanni bringt, mit weit aufgerissenen Augen in das Licht der Lampe starrend, mit springenden Griffen sein Lied zu Ende:

»Nur lachende Mädchen
und Mandolinaden!
Ich bin neu geboren,
im Wein will ich baden!
In meiner Wiege gibt es
nur Freesiendüfte.
Und Glocken und Gloria
dringt bis in die Grüfte,
voll Lieb ist die Erde,
voll Lust, voll Versöhnen –
's ist Ostern, ihr Schönen!«

Bouterwek hatte mit tiefgeneigtem Kopf zugehört. Er wunderte sich selber, daß er in dem dunklen Winkel neben der Tür dastand und nicht fortging. Warum wußte ich eigentlich nicht, daß er singen kann? – fragte es in ihm. Und ein dunkler Groll gegen sich selber drang ihm zum Herzen.

Da hörte er eine Stimme: »Ah, Sie sind es? Suchen Sie etwas?«

Bouterwek fuhr zusammen. Gegen das Stück Meer, das nun hell vom Mond beglänzt war, sah er die schwarzen Gestalten und die Zweispitze zweier Carabinieri. Sie standen regungslos mitten auf dem Weg und blickten zu ihm herüber. Bouterwek verließ seinen Platz in dem dunklen Winkel, grüßte und wollte an ihnen vorübergehen. Beim Anblick der Carabinieri fiel ihm Vitos Rat ein, sofort abzureisen. Giovannis Fröhlichkeit – in der Schenke wurde ein neues Lied angestimmt – durfte nicht über die Gefahr hinwegtäuschen, in der er sich vom selben Augenblick an befand, in dem der Alte erfuhr, was man ihm angetan hatte.

Einer der Carabinieri rief nun Bouterwek bei seinem Namen: es klang sehr fremdartig, fast wie Batavia. Er war schon geneigt, ihn zu korrigieren, doch eine unbestimmte Vorsicht gab ihm ein, nur höflich zu fragen: »Ja, bitte?« Er sah, es war der Maresciallo, ein kleiner, schlitzäugiger Mann, mit dem er noch nie ein Wort gewechselt hatte.

»Ist etwas – geschehen?« fragte der Maresciallo und blickte Bouterwek von unten her prüfend an.

»Was soll geschehen sein?« Bouterwek versuchte zu lächeln. – »Aber was machen Sie denn da in der Ecke?«

Bouterwek überlegte, endlich sagte er: »Ich warte hier auf jemand. Ich möchte gern erfahren, wann morgen früh der Dampfer fährt.«

»So?« Der Maresciallo legte eine Pause ein. »Sie wollen abreisen?«

Bouterwek nickte nur.

»Warum?«

Der so spitz Gefragte hob die Schulter hoch: das brauche er schließlich niemand zu sagen, auch der Polizei nicht. Wieder machte er einen Ansatz zum Weitergehen. Der Maresciallo sperrte ihm mit der Hand den Weg. »Sagen Sie, Signore Batavik, wissen Sie wirklich nicht, was dem Faraone – Sie wissen, dem Giovanni Cinque«, der Maresciallo wies dabei mit dem Kinn gegen die Schenkentür, »geschehen ist?«

»Was denn – was soll dem geschehen sein?«

»Waren Sie denn nicht in der Schenke – vorhin?«

Bouterwek überlegte einen Augenblick: der Maresciallo war informiert! Vielleicht war einer der Söhne des Alten vor fünf Minuten bei ihm gewesen. So nickte er obenhin: »Gewiß – aber was soll diese Frage?«

»Nun, wenn Sie in der Schenke waren, dann wissen Sie doch, was geschehen ist ...«

»Ach so«, Bouterwek versuchte zu lachen, »das nennen Sie ein Geschehnis, daß dem Alten der Schnurrbart –, meinen Sie das?«

Der andre der Carabinieri trat jetzt näher. Der Maresciallo tat ebenfalls, als lachte er: »Wie ich die Sache nenne, spielt keine Rolle. Immerhin – Sie wollen abreisen – so plötzlich! Haben Sie denn die Koffer schon gepackt?«

Bouterwek räusperte sich mehrmals und tat, als hätte er die letzte Frage überhört.

»Eigentlich seltsam, daß Sie die Koffer noch nicht gepackt haben, und sogar unvorsichtig!« Wieder lächelte der kleine Maresciallo, seine Äugelchen in den schmalen Lidspalten wurden stechend.

Das fröhliche Singen in der Schenke war zum Lärm angewachsen, so erhob auch Bouterwek seine Stimme: »Ich weiß wirklich nicht, was Sie von mir wollen.«

Der Maresciallo hob statt zu antworten witternd seine Nase gegen Süden übers Meer. »Das Wetter schlägt um«, sagte er, »Scirocco! Morgen früh kann kein Schiffer Sie einbarken – sogar wenn einer bereit wäre, es zu tun!«

Der andre Carabiniere sagte nun vollständig ausdruckslos, der Signore könne sich ja eine Carozza bis Castellamare nehmen.

Bouterwek glaubte, in der hölzernen Stimme einen höhnischen Unterton zu entdecken. Trotzdem pflichtete er dem Polizisten bei und murmelte: »Das wird das beste sein – ja, ich nehme eine Carozza!«

»Gut –«, sagte der Schlitzäugige und zog seine Stimme in die Länge, »warum bestellen Sie dann nicht gleich heute abend eine Carozza – hier beim Faraone?«

»Nein – das geht nicht.«

»Er hat Sie doch früher immer gefahren!«

»Er fährt mich nicht mehr.«

»Dann vielleicht der Bologneser?«

»Ja, vielleicht!« Bouterwek setzte wieder den Fuß vor sich, als wollte er weitergehen. – Die beiden Zweispitze der Carabinieri drehten einander wie Schiffe langsam ihre Breitseiten zu. Schließlich wandte sich der Maresciallo wieder Bouterwek zu und sagte: »Signore, Sie wissen selbst, daß Sie morgen nicht abreisen können!«

»Warum nicht?« Bouterwek warf den Kopf in den Nacken und setzte schroff hinzu: »Sie wollen mich doch nicht etwa in meiner Bewegungsfreiheit behindern?«

»Hören Sie, Signore«, der Maresciallo hob ebenfalls das Kinn, »Sie kommen morgen zu uns in die Kaserne. Wir haben Ihnen einige Fragen zu stellen, ehe Sie abreisen.«

»Wie Sie wollen«, stieß Bouterwek bereits im Fortgehen hervor.

Während Giovanni im Kreise seiner Freunde wieder in die Saiten griff und ein neues Lied anstimmte: »Canari, mein bunter, piekfeiner Tenor!«, standen die beiden Carabinieri unbeweglich da und blickten Bouterwek nach, wie er mit steifem Rücken den Weg hinabstakste und dann in einem Treppenschacht verschwand. »Den sind wir los«, sagte der Maresciallo und wandte sich langsam gegen das Licht aus der Schenkentür. »Oder was glaubst du, Appuntato, der bleibt nicht bis morgen?«

Der mit der hölzernen Stimme lachte und sagte: »Der kriecht lieber auf allen vieren über den Monte Sant' Angelo, als im Bett die Sonne von morgen früh abzuwarten!«

»Aber jetzt schicken wir den Faraone zu Bett!« Mit diesen Worten klopfte der Maresciallo kräftig an die Tür. Es dauerte ein wenig, bis der Gesang abbrach. Giovanni begrüßte die eintretenden Carabinieri mit einer kleinen Rede, doch es zeigte sich dabei, daß er wohl noch singen und musizieren, nicht aber mehr sprechen und gerade auf den Beinen stehen konnte. Mit steifen Schultern schritten die Carabinieri, ohne ein Wort verloren zu haben, wieder zur Tür hinaus, mit ihnen Giovannis Gäste. Aber der Alte verlangte von Vito noch ein Viertelchen, das er dann bedachtsam schlürfte. Er blickte sich vorsichtig um, ob sie auch wirklich allein seien, und lobte dann die Carabinieri dafür, daß sie ihm keine Strafe aufgebrummt hätten, überhaupt durch dick und dünn zu ihm hielten. »Aber merk dir«, er stellte sich vor Vito hin und hob listig lächelnd den Finger und legte den Kopf so weit in den Nacken, daß er schnell einen Schritt rückwärts trat, um nicht zu straucheln, »ja, mein Sohn, merk dir das: als Gegenleistung fahr' ich sie auch immer umsonst! Siehst du, das hast du noch nicht gewußt!«

Und während Vito abschloß und den Vater am Arm faßte und die Straße hinabgeleitete, legte der ihm dar, wie man das anzustellen habe, wenn man einen Carabiniere oder Finanziere mit Wein traktiere oder ihnen eine freie Fahrt gebe. »Ich muß dir das endlich beibringen, du bist so schrecklich dumm. Nicht daß du sagst: ›Euch kostet das nichts, Maresciallo, Dottore‹, du wärst wahrhaftig blöd genug, einen in der Ehre so empfindlichen Mann auf solche Weise zu beschämen und ins Gewissen zu treffen. Nein, einfach hernach das Kassieren vergessen! Oder falsch herausgeben – zuviel, verstehst du? Oder ähnlich – es gibt viele Arten und Weisen, die Polizei und die Beamten in den Schranken zu halten. Du mußt nie einen Augenblick vergessen: das sind alles arme Kerle. Sie verdienen wenig und müssen, wenn sie mal ein Geschäftchen drehen, furchtbar achtgeben, daß sie eine weiße Weste behalten, nicht ihr Brot verlieren oder gar ins Gefängnis kommen.«

Auf diese Weise mit Vito plaudernd, war er schwankend und manchmal torkelnd am Arm des Sohnes durch die Nacht getappt. Als sie an der Lücke im Wegmäuerchen ankamen, wo die Treppe zu seinem Hause abbog, ließ Giovanni den Arm des Sohnes, sagte Gute Nacht und wollte hinabsteigen. Indes – Vito hielt ihn fest und sagte: nein, er müsse ihn begleiten, unter dem Schatten der Karube sei es trotz dem Mondlicht ziemlich dunkel, und die Treppe bestehe nur aus Lücken. Der Alte jedoch stieß den Sohn auf die Straße zurück, schickte ihn barsch fort und rief: »He, dich kenn' ich! Mir unter dem Bett herumzuspionieren, wenn ich daliege und schnarche ... Siehst du, da guckst du gleich anders, richtig wie ein ertappter Sünder! Nein, Vituccio, da mußt du noch ein paar Jährchen warten, bis du in mein Haus 'reinkommst! Einer weiß es, dein Bruder, der Luigi, ja, der weiß, welche Fliese bei mir locker ist. Einer muß es ja wissen! Aber der Luigi ist in Neapel – und in mein Haus kommt auch er erst herein, wenn man mich mal hinausgetragen hat, damit ihr es wißt!«

Vito hob die Hände unschlüssig vor die Brust und knetete sie. Er war zwar gekränkt, fühlte sich aber verpflichtet, wie er dem Vater aufs neue klarzumachen versuchte, ihn wenigstens bis vor die Haustür zu geleiten. »Du bist schließlich betrunken – und über siebzig!«

»Was bin ich?« Giovanni näherte sich mit diesen mehr gefauchten als gesprochenen Worten auf so drohende Weise dem Sohn, daß dieser hurtig ein paar Schritte zurückwich.

»Aber du hast doch Gummibeine«, rief Vito weinerlich, »du schwankst doch – siehst du, jetzt wärst du beinah hingefallen, mitten auf der ebenen Straße.«

»Beinah«, Giovanni lachte, »beinah hättest du die Angelina geheiratet; beinah hätte ich mich heute abend besoffen – siehst du, beinahe ist immer noch nichts! Ja, denn beinah hätt' ich die Reginella – beinahe –«, der Alte lachte ausgelassen, wandte sich ab, sang »Sole, caruòfane, femene belle«, nun aber fast jaulend, vor sich hin, verstummte schließlich und verschwand unter dem Dunkel der Karube, welche ihren Ast mit den starrblättrigen Laubmassen gebieterisch nach der sich duckenden Gestalt des alten Mannes ausstreckte. Vito hatte die seltsame Vorstellung, als hätte die schwarze Karube auf den Vater gewartet.

Voll Ärger kehrte er sich auf dem Absatz um und schickte über das Mäuerchen zwischen den Zähnen hervor einen abscheulichen Gewohnheitsfluch, ohne aber mit einem Gedanken an den Sinn der Worte zu rühren, in denen der Teufel aufgefordert wurde, mit dem Vater Hochzeit zu machen. Er schritt den Weg hinauf und versuchte sich eine Zigarette anzustecken. Das erste Streichholz erlosch in den warmen Flügelschlägen des Sciroccos und ebenso das zweite. Als er das dritte Phosphorholz über das Sandpapier der Schachtel rieb, schrak Vito zusammen und wandte das Ohr. Jemand hatte gerufen, etwas – ein Mensch, ein Tier? Immerhin: es war eine Stimme! Der Wind in dem Olivengeäst und das kratzende Geräusch des Phosphorholzes hatten den Laut überdeckt. Was war es nun: ein Kauz, ein Fuchs? Über das Mäuerchen gelehnt, lauschte Vito angestrengt in das wolkige

Nachtgrau, das über den Terrassen lagerte. Da war es wieder, etwas wie ein unterdrücktes Stöhnen, doch ging es gleich in jenes hohe Quietschen und Knarren über, das alte Bäume vernehmen lassen, wenn der Wind auf einem dürren Ast liegt und ihn drückt und zerrt. Vito war nun ganz sicher, daß dieser Laut unmöglich von einem Menschen herrühren konnte. Dennoch zögerte er einen Augenblick, ob er nicht zurückgehen, die Treppe hinabsteigen und nach dem Vater sehen sollte. Aber gleich hatte er in seiner Vorstellung das zornige Gesicht des Alten mit dem verstümmelten Schnurrbart vor sich, und er schüttelte trotzig den Kopf und ging nach Hause – er bewohnte oberhalb der Schenke ein kleines Zimmer.

Seit mehr als einer Stunde lag er schlaflos im Bett und hatte noch immer diesen seltsamen, langgedehnten, ächzenden und dann quietschenden Laut im Ohr. Schließlich murmelte er, halb von Angst gequält und halb im Ton frommer Beschwörung, etwas wie ein Gebet, stand auf, zog sich an und eilte mit langen Schritten die Straße hinunter. Als er in die Lücke des Wegmäuerchens trat, verhielt er nochmals den Schritt. Die Vorstellung, der Vater könne am Ende noch wach sein, ihn an der Tür entdecken und ihn wegen seines nächtlichen Besuches zur Rede stellen, legte sich ihm wie kalte Ketten um die Knie. Endlich tastete er sich Schritt um Schritt die Stufen hinunter, die so schadhaft waren, daß er sich hinsetzte und ein Phosphorhölzchen entbrannte. Sooft es erlosch, war er ein wenig erleichtert und rutschte auf dem Gesäß in der Dunkelheit einige Stufen tiefer hinab. Der Südwind war nun zum Sturm geworden und wälzte sich wie ein unsichtbares Geisterheer die Schlucht herauf, riß die Oliven hin und her und füllte die Nacht mit Brausen und Geächz. Es war umsonst, noch ein Streichholz anzubrennen: kaum daß die gelbe Flamme aus dem bläulichen Brodeln züngelte, erlosch sie. In der zähen Bemühung, die schlimme Treppe sicher hinabzugelangen, hatte Vito für einige Minuten nicht mehr daran gedacht, womit er dem Vater, wenn er plötzlich aus der Türe träte, seinen Besuch erklären sollte.

Und da schrie Vito mit heller Stimme auf. Seine rechte Hand fuhr wie verbrannt zurück. Die Berührung hatte keine Sekunde gedauert, und die Hand wußte auch schon, was sie berührt hatte. Diese Schnelligkeit des Erkennens war nur möglich – das wußte er plötzlich wie eine Schuld –, weil seine ahnungsvolle Angst ihm längst mitgeteilt hatte, was geschehen war. Auf dem untersten Absatz der Treppe, wo sie sich gegen das Haus hin winkelte, lag der massige Körper des Vaters und zwar auf dem Gesicht, die Arme nach beiden Seiten von sich gestreckt. Vito saß da, als hätte sich die Unbeweglichkeit des Toten seiner bemächtigt. Endlich versuchte er, ein Wort zu flüstern. »Dio santo«, sagte er und blickte sich angstvoll wie ein kleiner Junge um. Der wachsende Mond, der hätte leuchten können, stand nun von den Wolken wie diese von den Bäumen verdeckt. Und der Sturm mengte alles: die Wolken, das Geäst und das Mondlicht – zu einem gestaltlosen graubraunen Brei, welcher, als würde er gekocht, scharf brodelte und aus zahllosen Löchern explodierte, zischte, seufzte und pfiff. Es war nun eigentlich nicht mehr Angst, was Vito empfand. Die Hand, die nun wieder auf dem Bein des Toten lag, duldete kein unbestimmtes Gefühl. Er war furchtbar klar im Kopf, und sein Bewußtsein war ganz prall von dieser Feststellung erfüllt: er ist tot, der Giovanni Cinque, mein Vater, der den ganzen Abend gesungen hat. Vito hatte des Vaters Stimme ganz gegenwärtig – »Sole, caruòfane, femene belle!« – ja, der Faraone, er ist wirklich tot: durch den Stoff des Hosenbeines drang keine Wärme mehr. Den Pfarrer holen? fragte es in Vito, aber er schüttelte gleich den Kopf; denn wieder füllte ihn der unfaßbare Gedanke ganz aus: ist das nun möglich? Da liegt er, fast wie ein Schwimmer, der die Küste erreichen will, das Altgewohnte, das Festvertraute – aber die Brandungswelle des Todes hält ihn zurück ...

Mit einem Mal kam Leben in Vitos erstarrtes Dasitzen. Er schob seine Hand vorsichtig zur rechten Rocktasche des Toten, griff hinein – und schon stand er auf, ging auf die Haustür zu und schloß sie auf. Im Vorraum entzündete er die Petroleumlampe. Die Fliese unter dem Bett – diese Worte des Vaters hatte er noch ganz frisch im Ohr.

Er entnahm der großen Keksbüchse so viel Scheine, als seine Habsucht, nachdem sie sich mit der Klugheit beraten hatte, für richtig hielt, legte das Testament wieder obenauf – »An meine zehn Söhne!« stand darauf –, schloß die Büchse, schob das Bett an die richtige Stelle, stöhnte, löschte die Lampe, verschloß die Tür, steckte den Schlüssel wieder in die Tasche des Toten, ging an ihm vorüber, sagte: »Armer Vater!« und stieg die Treppe hinauf – es war nun Zeit, die Polizei zu verständigen.

Eine halbe Stunde später, als er gerade die Treppe zur

Station der Carabinieri hinabgehen wollte, erblickte er einen Mann, der die Treppe heraufkam, er trug einen kleinen Koffer. Auf den ersten Blick wußte Vito, wer allein dieser starr aufrechte Schatten sein könnte.

»Signor Barone«, flüsterte er, als der nächtliche Wanderer drei Stufen unter ihm stand.

»Vito?«

»Mein Vater — ist tot!«

»Was sagst du?« Bouterweks Stimme klang erschrokken, »der — der Faraone?«

»Er ist die Treppe hinabgestürzt, die Treppe auf den Terrassen, die zu seinem Hause hinabführt.«

»Das ist ja — das —«, Bouterwek stammelte etwas auf deutsch, das Vito nicht verstand. Dann fragte er: »War er allein?« Sein Gesicht kam Vito plötzlich ganz nahe.

»Ich habe ihn bis zur Treppe gebracht. Weiter ließ er mich nicht. Er bedrohte mich, da ging ich heim!«

»Und wer hat ihn gefunden?«

»Ich!«

»Ach!« Bouterwek stellte seinen Koffer hin. Wieder näherte er sich von unten her Vitos Gesicht. »Das hättest du nicht tun sollen«, flüsterte er.

»Aber Signor Barone«, Vito hob beide Hände, die Fingerspitzen dicht beieinander, und ließ sie, um Verständnis heischend, auf und nieder schwanken. »Was konnte ich tun? Er war furchtbar. Er meinte, ich wollte ihm an sein Geld. Ich konnte wirklich nichts tun, als nach Hause gehen.«

»Und du gingst nach Hause?«

»Ja, natürlich!«

»Und dann? Dann gingst du wieder hin – ihn suchen?«

»Ja, Barone! Ich hatte plötzlich Angst. Ich hatte einen Schrei gehört, und der verfolgte mich ... Und da ging ich hin – und fand ihn.«

»Natürlich, da fandest du ihn.« Bouterwek starrte Vito an. »So hab' ich mich also doch in dir versehen«, flüsterte er mit scharfer Betonung, »aber daß du es weißt und dich nicht auf mich herausredest, wenn sie dir diese Geschichte nicht glauben. Ich wollte nur seinen moralischen Sturz – ja, nur soviel wollte ich, – und da gehst du hin –«

Vitos Gesicht schrumpfte. »Signore, Sie kennen meinen Vater nicht! Keine zehn Männer hätten ihn die Treppe hinuntergebracht. Das war ja kein Mann wie wir, das war –«, und Vito schlug sich beide Hände klatschend vor das Gesicht und weinte wie ein Kind von einem Augenblick zum andern laut auf. Hemmungslos schluchzte er, seine Schultern zuckten. Schließlich setzte er sich immer noch weinend auf die Treppe. Vom Meer brach der Südwind in den hohen, schmalen Treppenschacht und drückte Bouterwek an die Mauer. Er blickte Vito kopfschüttelnd auf den schmalen Nacken und murmelte auf deutsch, sich vom Wind abwendend: »Nein, du bist doch ein Kaninchen. Und ich dachte schon – nein, welch ein Blödsinn! –, du wärest ein grüne Baumschlange!« Die Wucht des Sturmes brach einen Augenblick ab, und Bouterwek trat auf Vito zu und sagte auf italienisch: »Nun wohl, jetzt kannst du endlich die Angelina heiraten.«

Vito schlug mit der Hand durch die Luft. »Diesen Strickstrumpf! Der Faraone hatte recht. Jetzt muß ich sie heiraten, nur weil ich auf Sie gehört, weil Sie mich mit ihr verlobt haben! Ich könnte jedes Mädchen von Positano heiraten, ja, das könnte ich jetzt ... Aber Sie – was verstehen Sie denn von Frauen?! Was verstehen Sie überhaupt?!«

Wieder überließ sich Vito seinem Geschluchze, und wieder setzte das Heulen des Südsturms ein. Bouterwek zog den Kopf ein und blickte mit gekniffenen Augen die Treppe gegen das morgengraue Meer hinab, als wollte er die unsichtbare Faust sehen, die ihn nun packte und stieß, daß er schwankte. Er schnappte nach seinem kleinen Koffer und ächzte: »So ist das – so – wirklich – ganz anders!« Und ohne sich von Vito mit einem Wort zu verabschieden, torkelte er, vom Scirocco geschoben, die Stufen hinan.

Als Vito endlich bemerkte, daß er allein war, stand er auf, ging gegen den Sturm sich stemmend, die wenigen Stufen hinunter, stand einen Augenblick am Tor der Carabinieri-Station still, ergriff den schweren Schellengriff und riß daran.

Ein starker Südwind trieb die Flut in langsamen Kettenwogen gegen die Küste. Diese bleiche Schaumborte zeichnete auf dem Plan des Meeres den Zickzackgrundriß der Buchten und felsigen Vorsprünge - die ewig bewegliche Grenzlinie, wie sie sich aus dem bisherigen Kampf zwischen den Waffen des Wassers und den Schilden des Festen ergeben hatte. Der Kampf ging weiter, und die Grenzen veränderten sich unsichtbar, unaufhörlich. Tief in den Buchten flimmerten bereits die Öllampen der Fischerhäuser, und sie vergingen hinter den hohen Felsschrägen, welche sich schwärzer in die Fluten hereinschoben. Wie das nackte Grätengerippe eines Fisches, so lag die Halbinsel da, langsam gegen Osten an Höhe und Wildheit der Bergesgipfel zunehmend, bis der höchste, der Monte Sant' Angelo, breit und nackt über Positano und seinen Lichtern lehnte, als lebte zu seinen Füßen alles von seiner Nachsicht und düsteren Huld.

DAS FEST DER FISCHER

Auf der Balustrade, die gegen die niedriger gelegenen Häuser den Platz abschloß, hockten dicht nebeneinander Männer und Knaben. An den schwarzen, aus den Eckquadern des Platzes aufragenden Laternen hingen Trauben von kleinen, zappelnden Gestalten, die über die Köpfe der Wartenden hinweg ihre Rufe ertönen ließen – gegen die Tür im Domportal, man konnte sie wohl bis an den Hochaltar hören.

Dann kam Bewegung in das Menschengedränge. In weiße Röcke gehüllte Ordner wurden sichtbar, welche wie die Engel des Letzten Gerichts verfuhren und die Gruppen zerbrachen und das Gewoge säuberlich zerteilten – zur Rechten und Linken hin, so daß eine Straße entstand – einem Kiespfad zwischen windbewegten Blumen vergleichbar.

Nun wurden die Flügel des Domportals aufgetan, die Orgelbässe schnarchten durch den Leib des Domes hin, die Flöten jubelten, und zugleich quoll aus dem dunklen, hohen Spalt, wie von den Tönen hervorgespült, der von Fahnen und Farben flackernde Strom der Prozession.

Für einen Augenblick stand das goldene Tragkreuz des Ministranten, als schwebte es über den Köpfen, funkelnd im Ausschnitt des Portals auf dem Dämmer des Dominnern. Dann aber, im unfeierlich südländischen Kurzschritt, bröckelte der Zug über die oberen Treppenstufen, stieß schnell über den Platz und zerlief, ein wenig ordnungslos, auf der breiten, unteren Treppe, nur zusammengehalten durch die Mauer der großen und der kleinen Leute, die in frommem Gaffen und in fröhlichem Geplauder geduldig verharrten, manchmal auch über die Prozession fort sich einige Worte zuriefen oder gar wieselgleich sich durch Weihrauch und Brokat wanden, wohin es sie trieb.

Der Kreuzträger wandte sich nach links, durch die sehr schmale und ein wenig dunkle, von Stützbögen gesicherte Gasse, wo der Schreiner und der Weinverkäufer wohnten und auch Giacominos »Risorgimento« lag; und ihm nach durch den Mauerschlund, der auf die Piazza mündete, bewegte sich die buntgescheckte, kerzenflimmernde, bewimpelte Schlange.

Hinter den Kreuzträgern schritten, weiß vermummt, die Männer von der Begräbnisbruderschaft; die Schlitzaugen ihrer spitz aufgerichteten Kapuzen erinnerten mitten im Fest an ihren einstmaligen, gefährlichen Beruf, der sie Gesicht und Mund bedecken ließ, wenn sie neben den läutenden Pestkarren einherschritten. Ihnen folgten die blumenbekränzten Mädchen, von den am Weg sie erwartenden Müttern noch einmal geschneuzt und zurechtgezupft, und hinter diesen trotteten halbwüchsige Burschen, säuberlich wie Kleriker gekleidet, in Soutane, Rochette und Birett, als Vorläufer sozusagen der richtigen und eigentlichen Kleriker, die mit feierlich gelassenen und kindlich stolz umherschweifenden Augen die Psalmen hersangen, ein wenig plärrend und ohne aneinander Gleichklang und Maß zu nehmen.

Endlich – von vier in weiße Priesteralben gekleideten

Fischern getragen – schwankte starr lächelnd die goldstrotzende Madonna von Positano auf ihrer Sänfte einher. Wohin sie kam, gab es Kußhände, Kreuzzeichen, Verbeugungen und dazwischen ganz selbstverständliche Zurufe und leicht zerspritzendes Gelächter, was alles nicht immer der Madonna oder der Prozession und dem Festtage galt.

Wo die Madonna und die sie umgebenden Kerzenträger, welchen noch ein Schwarm betender Frauen folgte, vorüber waren, da löste sich die lebendige Mauer; ihre Bruchstücke trieben gegeneinander, es gab Wirbel und Kreise, man drängte fort und verharrte auf der Stelle. Der Kreuzträger aber sprang leichtfüßig die wenigen Stufen, die der kleinen Piazza zum Strand hin vorgelagert sind, hinunter und eilte auf das Meer und die frisch angestrichenen Boote zu. Inzwischen hatte die ganze Prozession sich am Strande gestaut. Die Madonna war endlich angekommen und nahm, von den Pfarrpriestern und zweien der ältesten Fischer umringt, im größten der Fischerboote, das mit Grün und Bändern geschmückt war, ihren althergebrachten Platz ein, beim hellen, ununterbrochenen Gebeier der Glocken.

Als nun der alte Fischer, der Besitzer des Bootes, in die Hände spuckte und sein Ruder ergriff und sein Nachbar mit dem andern sich abwartend nach vorn lehnte, ertönte ein Pistolenschuß, und darauf lösten sich an der steilen Bergwand oberhalb der Stadt, als kämen die weißen, strahlenden Häuser heruntergestolpert, die Böller mit erneuter und gedoppelter Macht.

Alle Boote, denn sie wollten ja auch in diesem Jahr wieder unbeschadet und voller Fische heimkehren, richteten ihren Bug ins Meer und strebten in gleicher Linie mit dem Madonnenboot hinaus. Die Blicke der Rudernden waren gegen ihre Stadt gerichtet, gegen den winkenden Menschensaum am Ufer. Im Durchziehen der Ruder warfen sie ihre Gesichter dem Himmel zu; und der schien weiter als sonst gewölbt, war feierlich und leer und saugte mit seiner Stille die Schifflein hinaus, bis das Boot mit der Madonna, keinen Kilometer vom Ufer entfernt, anhielt.

Sie ließen die Ruder beikommen und blickten erwartungsvoll und mit verhaltenem Atem von allen Seiten auf einen Punkt: dort hob der Pfarrer, von den kundigen Fischern unterstützt, das Holzbild aus seinem Gestell, hob es — die Fischerfäuste hoben es — hoch in die Luft und senkte es schließlich in die Flut, bis nur noch das Köpfchen der Madonna aus der weiß gekräuselten Feuchte herausragte.

Und wieder schlugen die Böller vom Berg, mit unsichtbaren Fäusten schlugen sie in das Blau, auf das festgespannte Fell des Himmels, riefen: Das Meer ist eröffnet, sein fruchtbarer Schoß ist erschlossen durch die Jungfrau-Mutter, der Vertrag mit dem Abgrund ist neu geschlossen, das Bündnis erneuert, die dankbare Abhängigkeit demütig anerkannt, der Tribut entrichtet an das göttliche Element: denn die Jungfrau und große Mutter hat gebadet in ihm und den Segen des Meeres mit dem Segen des Himmels erwidert.

Schnell bewegte sich nun die zusammengeschmolzene Prozession in den Dom zurück, kaum noch säumten Zuschauer den Weg, alles strömte regellos hin und her. Die Glocken luden in gewohntem Geläute zum Hochamt.

Die Gassen von Positano bestehen zum größten Teil aus Treppen, wie ja auch die Stadt mit ihren flachdächrigen oder gekuppelten Häusern selber Treppen bergan baut, riesige Schattenstufen bei Nacht, zwischen denen in schmalen, finsteren Schachteinschnitten die kleineren Treppen emporsteigen. Sie winkeln sich eigenwillig an niedrigen Mäuerchen oder gar ohne Brüstung an Rinnsalen und Abgründen vorbei, und jede hat eine andere Stufung, und jede Stufe unterscheidet sich von der nächsten wie Treppe von Treppe. — Die frischgekalkten und die abgewitterten Häuserwände begleiten die Treppen. Gartenmauern fließen in stummer Nachbarschaft mit, oder das Meer steht plötzlich in einer Lücke, in einem Gittertor: silbern zur Zeit des Mondes und wechselvoll bei Tag; nur als Abgrund geahnt und an seinem Brausen vernommen in jenen dunklen Nächten, wenn die Laterne des späten Wanderers den Weg sucht, Stufe um Stufe. Vom Licht dieser Laterne werden dann auch am Rande der Treppen seltsame Steingebilde aus dem Finstern gelöst, welche den Augen eines Fremden bei Tag immerhin noch als Architektur erscheinen, wenn auch jenseits der Zahl und Wasserwaage. Aber im schwankenden Laternenlicht oder im Glanz des Mondes schwebt dieser Stein, von Kuppeln gebläht und von dunklen Schattenhalbkreisen gestützt, ganz ohne Schwere.

MOZZO, MEIN FAKTOTUM

Als ich Mozzo das letztemal vor seinem Tode traf – er saß klein und steil an der Chiesa nuova hinter einem Glas Wein –, da war er bereits in einem Alter, bei dem man, an frühere Daten sich haltend, zu rechnen beginnt, weil man es nicht glauben kann, daß er noch immer da ist und noch immer Wein trinkt ...

Mozzo war dreimal so alt als ich, damals, als er bei mir die Zugehfrau spielte, war also bereits über das biblische Alter hinaus und damit in den Jahren, von denen der Psalmist sagt, daß sie nur Mühsal und Plage seien. Für Mozzo nicht so: er wußte, wie man es machte, um die letzten Jahre des Lebens vergnüglicher zu gestalten als die ersten. Er lief, wie er es als kleiner Junge gewöhnt war, barfuß, die Hosenbeine bis in die Waden hochgekrempelt, unterm Hemd auf der Haut trug er selbst im Sommer ein Wolljäckchen, das den Schweiß aufsaugte. Die Mütze hing ihm, wie an dem widerspenstigen, melierten Haarschopf aufgehängt, über den rechten Hinterkopf herab, während er die Jacke, vielleicht in einem Toga-Atavismus, auf der linken Schulter trug und so seinen rechten Arm für ausladende Bewegungen frei hatte, deren Heftigkeit und Weite von fern her schon das Maß des genossenen Weines anzeigten.

Mozzo war nicht gerade ein Trunkenbold, er ließ sich

– das hatte er noch aus der Zeit seiner langen Ehe mit Rosinella – das Glas wegnehmen und trank überhaupt nur, wenn sein Patron bei Kasse war. Ließ das Geld auf sich warten, zog er sich die Pyjamajacke seines Herrn heimlich als Hemd an und ging damit zum dicken Giovanni, bei dem der Wein nicht wie bei den andern Wirten mit Wasser vermehrt wurde. Und er zeigte ihm den schönen Kragen der Pyjamajacke und sagte: »Sieh mal, Giovanni, solche Hemden trägt mein Signore sogar bei Nacht!« Und er kam mit einem Fiasco, mit Brot, Ziegenkäse und einer Zwiebel heim, und das Abendessen war durch diese intime Kreditpolitik Mozzos sichergestellt. Es konnte aber auch geschehen, daß ihn sein Herr zum Weinkauf ausschickte und dann den ganzen Abend wartend dasaß, bis in der beginnenden Nacht das Tamburin auf der Terrasse rasselnd und pochend losbrach und Mozzos brüchige Stimme zu hören war: »O weh, was sagt der Signore? Ich habe seine drei Lire vertrunken! O weh, wer hieß mich niedersitzen auf den Stufen, wer den Korken lüpfen! Verflucht der Duft des Korkens – nicht des Weines! –, des Korkens nur, der mich verführte! O Sant' Antonio, wie tief bin ich gesunken! O armer Mozzo, der ich nunmehr bin!«

Das kam nicht oft vor, ja, eigentlich nur, wenn Mozzo erfahren hatte, daß Geld angekommen sei. War Besuch da, der die Sprache nicht kannte, glaubte man jedesmal, Mozzo singe ein altes Volkslied. In der Geschichte Positanos gebildete Besucher sprachen sogar von offenbar sarazenischen Restelementen, welche in diesen Liedern weiterwirkten.

Ich machte mir, wenn Mozzo zuviel getrunken hatte, jedesmal Vorwürfe. Er hatte die Altersgicht und stöhnte nächtelang in der Küche drunten, bevor das große Stöhnen der Tramontana einsetzte oder des Schirokkos, – zu den vielen Verrichtungen, die er übernommen hatte, war er auch noch mein Wetterprophet.

Und wie konnte man ihm auch den Wein vorenthalten, wenn er von der Post mit Briefen kam und, obwohl er nicht lesen konnte, eine gewisse Schrift auf einem gewissen bläulichen Umschlag erkannt hatte. Dann schwang er den Brief in der Hand, und seine Augen standen so, daß unter dem Schwarz der Iris das Weiß wie ein Halbmond blitzte. Sein Mund war bis tief in die faltigen Wangen gezogen, und der Schnurrbart machte einen Strich quer durch sein kleines, drahtiges Wüstengesicht.

Eine halbe Stunde später konnte ich Mozzo jedesmal ganz hinten im Garten finden, wie er vor dem halbleeren Fiasco dasaß, die Schultern hochgezogen, stumm. Dann dachte er an seine Frau, nicht an seine Kinder, die lebten ja alle: seine Söhne, Enkel und Urenkel – irgendwo in Positano und in der weiteren Nachbarschaft; nein, nur an seine Frau dachte er, ausführlich und mit Hingebung, bis er mit einem Satz aufsprang, ins Eßzimmer lief, das Tamburin von der Wand riß und es rasselnd schwang und dann mit den Fingern besprang: tupfend, wischend und klopfend. Und er sang: »O Mozzo, schäme dich, wie alt bist du geworden! Hol der Teufel meine Gicht! Alles hat mir dieser alte Bösewicht gestohlen; den buntbebänderten Peitschenstiel und die rot-schwarze Carozza und die zwei nickenden Pferdchen und Rosinella, die runde, braune Rosinella!

Nur die Gicht ließ er mir. Soll er sie doch selber haben! Ich aber will Wein trinken, Signore, schenk Mozzo einen Tropfen! Mir brennt das Herz von Rosinella!«

Ein Monstrum, wer solchen Brand nicht gelöscht hätte! Natürlich konnte Mozzo an solchen Tagen, wenn das Wetter umschlug, die Erinnerung an Rosinella hochkam oder sonst ein Anlaß zum Trinken und Singen und Tamburinschlagen sich bot, seinen häuslichen Verrichtungen nicht mehr weiter nachkommen. Doch hatte er vorgesorgt, daß er nicht unabkömmlich sei. Das Wasserholen an der Fontana gehörte eigentlich zu seinem Dienst, aber dafür war von ihm ein Mädchen angestellt, »sie ist so arm«, hatte er mehr in anordnendem als bittendem Tonfall gesagt, »sie muß sich etwas verdienen«. Wenn ihm die Kleine nicht schnell im Nebenher auch noch die Kartoffeln schälte, kochte *er* sie mit der Schale: die gehe hernach von selber ab – »ganz, ganz leicht!« versicherte er mir mit zusammengezogenen Brauen, und er überzeugte mich.

Einmal erwartete ich Gäste, und es sollte ein Tisch ins Freie getragen werden. Ich rief also Mozzo und bat ihn, mir zu helfen. »Gleich, Signore«, sagte er – und huschte zur Tür. Aber ich war schneller und trat ihm in den Weg. Er lächelte anerkennend über meine Klugheit und begann mich auszufragen: wohin der Tisch denn komme? Ob er nicht zu schwer sei für uns beide? Ob es nicht viel einfacher und auch schöner sei, wenn die Gäste ihre Gläser auf den Kies oder das Terrassenmäuerchen stellten? Nein? Warum ich überhaupt Gäste einlüde? Es folgten noch viele Fragen, welche sich von dem Tisch mehr und mehr entfernten. Wir redeten zuletzt vom Kastanienrösten, und er versicherte mir, er habe im Nebenhaus noch so einen uralten Röster, mit dem gehe es besser als mit den neuen, er werde ihn mal heraufholen. Und trippelte zur Tür.

»Zuerst tragen wir den Tisch ins Freie!« sagte ich, »und zwar sofort!« »Ach, der Tisch, richtig, dieser vermaledeite Tisch!« Damit geht er zur Anrichte, ergreift den Fiasco und gießt sich, mir einen bittenden Blick zuwerfend, ein Glas ein. »Der Tisch ist schwer«, flüstert er mit hochgeschobenen Brauen, »wir müssen uns etwas Kraft antrinken! Wenn Sie einmal so alt sind wie ich ...« Ich sah ein, daß ein Glas Wein die Arbeit fördern könnte. Über seinen Ausführungen, wie schwer es doch ein armer, alter, von seinen Kindern im Stich gelassener Mann habe, hatte sich der Fiasco geleert. Der Augenblick, entschieden zu sein, schien mir gekommen. Mozzo erhob sich willig und machte einige, jedoch betont unsichere Schritte über die Fliesen. »Oh, Signore, schlimm, ich habe zuviel getrunken! Meine Beine tragen kaum mich selber, wie soll ich da einen Tisch tragen! Ich fiele um und stürzte Euch den Tisch – der runde ist sehr schwer! – auf den Leib. Malt Euch selber das Unglück aus! Die Ärzte taugen hier nichts, sage ich Euch, hier darf man nicht krank werden!«

Da stand er, die Jacke über die linke Schulter gehängt, mit großer beschwörender Bewegung, und was er über die Ärzte sagte, war mit nichts zu widerlegen. »Gut«, seufzte ich und stopfte soviel Enttäuschung in meine Miene und Stimme, als es ging, »so werde ich den Tisch also allein tragen!« »Das verhindere Gott«, rief er, »ihr macht Euch unglücklich! Und das alles wegen dieser

Gäste!« Damit legt er seine Jacke auf einen Stuhl, schiebt seine Hände unter die Tischkante und blickt mich mit einer Falte düsterer Entschlossenheit zwischen den Brauen wartend an. Ich nicke, hebe den Tisch in der Mitte an, und ich fühle, daß ich ihn allein trage. Indes er keucht, stöhnt und betrachtet mich aufmerksam, den Mund verzerrt und die Augen hervorgequollen, Atlas und Herakles in einer Person!

Über diesen Tischtransport sprach Mozzo nicht viel anders als die Arbeiter des Papstes an jenem Abend, da sie den Obelisken bewegt und vor St. Peter aufgerichtet hatten. Mozzo besaß nämlich die Weisheit, in den unscheinbaren Anfängen die darin enthaltenen Möglichkeiten, die schlimmen ebenso wie die angenehmen, von ferne zu erblicken. Denn wie er sich vor dem Tragen eines Möbelstückes fürchtete, so freute er sich jedesmal über den Brief, den er mir brachte; und es kam keiner an, keiner von den bläulichen mit der gewissen Krakelschrift, dessen Lesung er nicht auf dem Tamburin begleitet hätte. Seine vom Alter brüchige Stimme, immer wieder sang sie: »Der Signore bekam einen Brief, nächste Woche kommt noch einer! Und dann noch einer! Und alle sind von derselben Signora! Der Teufel bekomm meine Gicht! Das war eine Zeit, als Mozzo so alt war wie der Signore, als er in der Carozza saß und mit der Peitsche knallte und alle ihn grüßten – und Rosinella mit dem Essen wartete! O armer Mozzo, der ich nunmehr bin!«

Der Vorfrühling in Positano ist golden und blau. Die Sonne ist nicht gewalttätig wie im Sommer, aber dennoch nah. Sie ist nicht nur am Himmel, sie liegt an jeder Hauswand, die sonst weiß ist und gleißend; sie kommt aus den Steinen, aus dem Wogen des Strandes, aus den Blüten des Mandelbaumes; sie hängt in den Gärten unter dem dunklen Laub der Zitronenbäume, tausendfältig. Die Sonne ist berührbar geworden, die ausgestreckte Hand empfängt sie, die Zunge kostet sie. Und sie ist nicht einmal heiß, eine kühle Sonne, an die man sich lehnen kann, als wäre sie eine Wand oder ein herabbrausender goldener Sturm ohne Stimme.

DIE WOHNUNG DES SABENISSIMO

Jeden Monat einmal kommt Agnello nach Positano. Die übrige Zeit wohnt er in Amalfi, wo er in einem Hotel Fußböden säubert und dafür Reste essen und auf einem Strohsack unter der Treppe schlafen darf. Struppig, klein und schon ein bißchen grau, gleicht Agnello, wenn er so barfüßig einhergezockelt kommt, einem Shetlandpony. Unterwegs fallen ihm Melodien ein aus Arien, wie er sie in New York – aber sicher nicht in der Metropolitan – aufgeschnappt hat. Im Dahinpatschen sucht er in einer der Hosentaschen nach irgend etwas, das nicht zu finden ist. Er zieht dabei das Futter heraus und vergißt, was er suchte, und vergißt auch, das Futter wieder in die Hosen zu stopfen. So hängen die leeren Taschen wie Flossen neben ihm, und er singt übers Meer mit seinem schon vom Alter angekratzten Tenor, als stünde fern hinterm Horizont eine Geliebte, die nie näher kommt, aber auch nie fortgeht.

In Positano angelangt, schlägt Agnello sogleich den Treppenpfad zum Friedhof ein. Auf dem Weg dorthin gibt es das Haus des Giuseppe Sabenissimo, der in New York einen von kühler Luft durchblasenen Gemüseladen hat. Agnello hat ihm dort jenseits des Ozeans viele Jahre die Fußböden aufgewischt, und da er in die Heimat zurückgekehrt ist, wischt er Sabenissimo, welcher noch immer in New York gefärbte Erbsen und angefrorene Tomaten und Salatköpfe verkauft, auch hier seit vielen Jahren wieder die Fußböden auf.

Jedesmal geht er zuerst zu Costanzo, der unten im Hause des Sabenissimo zwei Zimmer und eine von Rauch schwarz polierte Küche bewohnt. Costanzo ist von Beruf Totengräber und zugleich Wächter des Hauses des Sabenissimo. Er wacht mit seiner Frau und seinen zwölf Kindern, seinen drei Ziegen und einem immer zornigen Köter, der sogar den Pfarrer anbellt, wenn der einmal auf den Friedhof geht. Aber die Schlüssel zur Wohnung des Sabenissimo hat nicht Costanzo, sondern Agnello – er allein darf öffnen und schließen, er allein hat das Vertrauen des Sabenissimo drüben in New York. Costanzo aber geht jedesmal mit. In den Putzeimer hat er einen Fiasco Wein gestellt und den Aufwischlappen darüber gebreitet; denn seine Frau ist eigensinnig und läßt ihn nur trinken, wenn er einen Toten unter die Erde brachte – und also Trost braucht. Daß man trinkt, um mit offenen Augen zu träumen, davon versteht sie nichts – sie fragt nicht nach dem Schönen. Costanzo und Agnello aber in der Wohnung des Sabenissimo, die ihnen für einen Nachmittag ganz gehört, sie gehen dem Schönen nach. Costanzo zieht sich jedesmal die Schuhe aus, ehe er anfängt, umherzugehen. Agnello macht auf dem Ofen heißes Wasser und wischt die Fliesen auf. Costanzo öffnet den Fiasco und holt aus der Kredenz das blaue Kristallglas mit dem goldenen Rand und dem Wappen von Amalfi. Gleich darauf füllt er sich das rote Glas, auf dem der Dom von Palermo in Goldstrichen abgebildet ist. Und er trinkt aus allen Gläsern, die in der Vitrine stehen. Zwischendurch kommt Agnello, hebt den Fiasco an die Lippen und geht wieder zu seinem Eimer. Im Patschen des Wassers fällt ihm ein weiteres Restchen Arie ein, er summt und seufzt es, spricht zwischendurch sanft mit dem Schrubber, mit einer Konsole, die sich nicht rücken läßt, mit Herrn Sabenissimo jenseits des Ozeans oder Costanzo, welcher aber ebensowenig wie der Gemüsehändler in der Ferne Antwort gibt. Er geht, ein Glas in der Hand, umher, betrachtet die Bilder, auf denen die Madonna in einem Goldrahmen zwischen Tauben sitzt, und die blondhaarige heilige Magdalena vor einem Kreuz die Hände ringt und ihren sündigen Busen zeigt. Und da gibt es die Essig- und Ölkrügelchen, welche als nackte siamesische Zwillinge gebildet sind und dem Herrn Sabenissimo einst aus lächelnden Mäulchen ihre Gaben spendeten. Eine andere Madonna steht unter einem Glassturz. Sie hat ein Seidenkleid an, darauf goldene Pailletten genäht sind. Ein bevorzugter Gegenstand der Bewunderung aber ist für Costanzo das breite Ehebett, das oben und unten einen Aufbau aus lackiertem Holz hat, so daß Costanzo sich selber, sozusagen tief in Sabenissimos Bett stehend, erblicken kann, ein Anblick, der ihm von jeher wohlgetan hat. Auf dem breiten Bett liegt eine rosarote, gestickte Decke und darauf sind die Worte zu lesen: »Ruhe sanft«. Jedesmal, wenn Costanzo diese Aufforderung liest, denkt er an den Friedhof, wo auf den Steinen dieser Satz häufig in Gold geschrieben steht. Und er denkt zugleich an Sabenissimo, welcher nun schon über siebzig ist und, wie man weiß, das Wasser hat. Costanzo wünscht sich, wenn er an diesem

Punkt seines Wachtraumes angekommen ist, immer dasselbe: daß Giuseppe Sabenissimo mit seinen zahlreichen Söhnen nach Positano zurückkehren möge und daß er, wenn er sich ein paar Wochen daheim ausgeruht hätte, dann endlich stürbe. Costanzo sieht dies Begräbnis! Und er sieht ferner, wie einer der zahlreichen Sabenissimo-Söhne eine seiner eigenen zahlreichen und schönen Töchter heiratet. Die Tochter wird diese Wohnung erben, und Costanzo sieht sich, wie er auf der Terrasse sitzt und mit den Enkeln spielt. Alle die Teppiche, die Decken und Kissen und die bunten Gläser und ergreifenden Bilder wird die Tochter erben: die Angela, die Berta, die Lusinella, das wird man schon sehen. Einer der Sabenissimo-Söhne hat sein Kommen einige Male angekündigt, er soll eine Konservenfabrik planen. So hält man die Wohnung in Ordnung – und die Hoffnung, die Wünsche, die Träume.

Und dann geschah es, daß bei jenem denkwürdigen Hausputz, der bereits vier Wochen vor der brieflich gemeldeten Ankunft des Sabenissimo-Sohnes erfolgte, Costanzos Traum in einem Augenblick vernichtet wurde. Agnello schrubbte diesmal die Fliesen mit heißer Seifenlauge, und Costanzo hatte zwei Fiaschi statt einem unter den Aufwischlappen gesteckt. Darauf war er, das große blaue Kristallglas in der Hand, barfüßig, wie es die ungeschriebene Vorschrift verlangte, durch die vier Zimmer der Wohnung gegangen, an all den Stationen seines sehnsüchtigen Traumes entlang. Gerade nun, als er vor der Vitrine stand, und Agnello auf den Schrubber gestützt in einem schluchzenden Tremolo den Hals reckte, glitt Costanzo, wie er sich in ehrerbietiger Betrachtung ein wenig nach hinten beugen wollte – er war weitsichtig –, auf der glitschigen Seife aus und riß, als er sich an seiner offenstehenden Tür halten wollte, im Fall den Gläserschrank mit sich zu Boden.

Die zerbrochenen Dinge lagen scharf und bunt mitten in dem Seifenschaum, welcher nun wie eine Brandungswoge aussah: ein Schiff voll Glück und Traum war darin gestrandet. Agnello kniete mitten in der Zerstörung und reckte die Hände mit einem Wimmern zum Himmel, wo Gott und der Herr Sabenissimo einen Augenblick als dieselbe Person thronten.

Costanzo aber schüttelt nur immer wieder den Kopf. Er sieht, wie Agnello die Madonna im seidenen Pailletten-kleid aus den Glasscherben aufhebt, und da kommt Costanzo eine Träne. Das Kleiderpüppchen aus Draht hat ihn an den Hochzeitsstaat der Tochter erinnert, jener Tochter, die den Sabenissimo-Sohn heiraten sollte. Aber dieser Traum ist zerbrochen. Der junge Sabenissimo wird erfahren, wieviele Gläser und andere allzu schöne, aber leider zerbrechliche Gegenstände fehlen. Und er wird sagen, daß Costanzo sie verkauft hat und das Geld heimlich vertrank. Und wenn er selbst den Mut hätte, mit dem Korb voller Scherben, welchen er heimlich begrub, dem Besitzer zu begegnen – dann stünde er gleich als Säufer da, und seine Töchter hießen Kinder eines Säufers.

Doch dann kam alles anders. Der alte Gemüsehändler in New York trat auf eine ihm vor die Füße gerollte, tückische Tomate, stürzte und starb nach wenigen Stunden, und sein Sohn mußte nun selber den Verkauf der gefärbten Erbsen und angefrorenen Salatköpfe leiten und schrieb darum nach Positano, daß er nun unabkömmlich sei. Auch keiner von den übrigen Sabenissimo-Söhnen erschien, und alle heirateten in den nächsten Jahren Italienerinnen aus New York.

Agnello kam weiter jeden Monat nach Positano, lüftete die Zimmer der Sabenissimos und wusch die Böden auf, aber er gestattete Costanzo nicht mehr, noch einmal den Fuß in die Wohnung zu setzen, und dem war's auch recht so.

Manchmal aber, wenn niemand von seiner Familie in der Nachbarschaft war, lehnte er eine Leiter an das Haus und stieg von außen auf die Terrasse der durch die Jahrzehnte hin leerstehenden Wohnung. Und er trat an die Fenstertür des Schlafzimmers und blickte durch den Tüll auf das Bett, in dem eine seiner Töchter – einerlei welche! – hätte glücklich werden sollen. Indes – der schöne Traum lag nun wie diese Wohnung außerhalb der Welt. Ja, und da stehen all die schönen Sachen ... Sie sind noch da – aber auch wenn sie nicht mehr da wären, keiner fragte danach. Und dennoch kann man sie nicht forttragen ... Es verhält sich mit ihnen wie mit den Leichen der Verstorbenen: sie sind zwar noch gegenwärtig, doch nicht mehr am Leben.

Wie oft aber, wenn Costanzo neben seiner Frau im Bett liegt, starrt er stundenlang gegen die Zimmerdecke und kann nicht begreifen, daß da oben all die Zimmer leerstehen und all die schönen Sachen für niemand da sind, für niemand! – durch die Jahrhunderte, so murmelt er und geht im Traum wieder barfuß durch alle Räume – bis vor die Vitrine. Manchmal erwacht er dann hurtig, ehe sie sich über ihn stürzt ...

Der volle Mond steigt über dem Monte Pertuso herauf, feierlich kommt er und läßt sich Zeit, bis er ganz da ist. Sehr feierlich kommt er, läßt über die Olivenhänge seinen kaltsilbrigen Glanz fallen, über die weißen Häuserwürfel, welche nun leicht werden und durchsichtig. Über das Meer glänzt er und gießt sich in die Tiefe, und das Meer schwillt davon, wird am Ufer ein silberner Berg, bis der Glanz überall ist; weit hinaus schwimmt eine Straße von Gefunkel bis an das Ende des Meeres. Die Nacht vergeht droben, der Mond ahmt die Sonne nach, er wirft Strahlen, gleißt, aber er glüht nicht, er wirft Strahlen, und doch kann man in sein Gesicht sehen. Das ist grausig, wie sein Glanz die Nacht verscheucht und doch nicht den Tag schaffen kann. Angsterzeugend ist das, wie alles aufgeweckt wird, das Meer und das Blut in den Menschen.

MEIN NACHBAR MICHELINO

Gäbe ich ihm nicht, wie alle Nachbarn es tun, die zärtliche Verkleinerungsform und sagte statt Michelino: Michele, beginge ich an ihm ein Unrecht, wiewohl er ein erwachsener Mann und der Vater von elf gesunden, emsigen Kindern ist. Wenn ich erwachsen sage, soll man sich darunter weder innerlich noch äußerlich zu viel vorstellen; denn er lacht noch immer ganz wie einer seiner Söhne und ist nicht größer als sie, und sie sind alle Knirpse, aber ihrer viele, wie gesagt.

Er wohnt im letzten Haus vor dem Friedhof, ich im zweitletzten, und mithin sind wir Nachbarn. Eigentlich weiß ich nicht viel über ihn – er ist, wie seine ganze Familie, die Diskretion in Person. Nur an Sonntagabenden, wenn ich zufällig einmal in den Ort gehe, kann ich ihm begegnen. Dann strebt er bereits nach Hause – mit einem kleinen Räuschlein, nicht beladen, sondern, ich möchte sagen: versehen, mit einem kleinen, das genau zu ihm paßt; denn alles an ihm ist klein: die Beine, die Arme, die Äuglein, sogar der Schnurrbart, der zwar hängt, aber gestutzt in kleine Spitzen ausläuft. Dann grüßt er freundlich und erschöpfend, aber auch jetzt noch diskret, und niemals würde er mir, wie sein Zechkumpan, der Totengräber Costanzo, es tut, die Flasche anbieten – er führt nie eine bei sich. Außerdem, seine Frau duldete das gewiß nicht, daß er es so unmäßig unterwegs noch und bis ins Haus hinein triebe. Aber jeden Sonn- und Feiertag eben dieses kleine Räuschlein heimzubringen, das gestattet sie ihm doch, offenbar weil es ihr, wie der Kirchgang morgens, zum Bilde des Sonntags gehört. Hätten wir doch, wir, seine Nachbarn, den Sonntag nicht ganz voll, wenn nicht Michelino auf diese bestimmte Weise nach Hause käme: zeitig, fröhlich und noch mäßig in der Unmäßigkeit.

Von meiner Terrasse her kann ich dann sehen, wie er, sein Pfeifchen rauchend, aufs Meer schaut. Vielleicht steht einer der Söhne bei ihm, nie seine Frau oder die Tochter. Das ist mir aufgefallen, und ich halte darum sein Dastehen für ein Ritual, für eine Art von stumm-heiterem »Ite missa est«, das er dem schönen Sonntag gibt, der scheidenden Sonne, dem Abendwind, den Wellen, den Oliven, den Vögeln, welche übrigens zwitschernd in diesem Augenblick dabei sind, auf ihre Weise dasselbe zu tun wie Michelino.

Dies kleine Bäuerlein gehört in meinen Augen zu den glücklichen Menschen. Er hat eine wohlgestimmte, saubere, emsige Frau, die man fast nie sieht. Oft überlegten wir, meine Frau und ich, ob der Michelino unter dem Pantoffel stehe; meine Frau sagt: ja, weil er so fröhlich sei; ich sage: nein, weil *Rosalie* und überhaupt alle in diesem Hause so fröhlich sind! Aber wer kann das wissen. Ich glaube, weder Michelino noch Rosalie haben je einen Gedanken an diese Frage verschwendet. Sie lieben sich, das beweisen ihre winzigen, wimmelnden Früchte, die immerzu lautlos irgendwohin unterwegs sind.

Michelinos Söhne gleichen einander alle wie die Bohnen. Einst brachte mich einer in dunkler Nacht vom Monte Pertuso heim – ich hatte wohl ein halbes Dutzend von Michelinos winzigen Sonntagsräuschchen zusammengekoppelt zu einem Festrausch – trotzdem hatte ich den Namen des Jungen noch am andern Tag in Erinnerung. Aber wer war nun eigentlich Agnello, mein kleiner Bergführer? Ich habe Jahre gebraucht, es halberwegs festzustellen, aber manchmal frage ich noch heute einen aus der Schar, wenn wir ein paar Schritte zusammengehn: »Weißt du noch, damals, als du mich vom Monte Pertuso so schön herabgeleitetest?« »Das war doch Agnello«, lacht der Bursche. »Und du?« »Ich bin Francesco!« oder er sagt: »Ich bin der Luca!« Da habe ich's aufgegeben und grüße seither einfach jeden mit Agnello! Und das nimmt mir keiner übel, denn alle sind ein Herz und eine Seele.

Michelino muß wirklich sehr glücklich sein, aber wie alles wahrhafte Glück zieht auch das des Michelino den Schleier des Unscheinbaren vor sein Gesicht, – die Parzen finden ihn nicht ...

Michelinos gepachtete Äcker liegen auf dem Berg, dort hat er auch eine winzige Ölmühle. Und seine zwei Kühe stehen da, wie Säuglinge gehegt. Einmal, als er meine Oliven kelterte, ging ich hinauf und saß ein Stündchen bei ihnen und sah zu, wie sie aßen. Es wurde ein Sackleinen auf der Erde ausgebreitet, darauf kam die Schüssel. Sie hockten sich dazu und langten hinein, zuerst noch verschämt, aber auch vergnügt aus den Schlitzaugen lachend, die allen Michelinos den gleichen verschmitzten Ausdruck geben. Es roch nach der Minestra, nach frischem Olivenöl, nach Reisigfeuer und Sonnenstaub und ein kleines bißchen nach Schweiß, auch das. Meine kleine Tochter handelte richtig, als sie der zeremoniellen Einladung sofort und ungehemmt nachkam. Man kann kaum widerstehen. Nie wieder sah ich Hunger und Sittsamkeit so stark und nah beieinander als damals, da die dreizehn Michelinos um die riesige Schüssel versammelt saßen und die Jüngeren mit anmutigem Zögern – und der Löffel zitterte doch in ihren Händen – es den Eltern und Erwachsenen überließen, mit den ersten Löffelstichen das Mahl zu eröffnen.

Michelino und Rosalie hatten eigentlich zwei Töchter, aber da Rosalies Schwester keine hatte, schenkten sie ihr einfach eine – reich wie sie sind. »Kleinigkeit«, wird Michelino gönnerhaft gesagt haben, »nichts zu danken!« Begegnet er nun seiner Tochter, welche auf derselben Treppe wohnt, grüßt er sie mit dem gebührenden Abstand, wie man eben eine erwachsene Nichte grüßt. Und zu seiner Frau wird er gesagt haben: »Machen wir uns eine andere!« Diese andere ist Agnella – nein, sie heißt nicht so, aber sie sieht so aus, wiewohl sie kein Knirps ist.

Einmal sah ich, wie schön sie eigentlich war. Ich hatte die Nacht über gearbeitet und ging zu den Vögeln in den Garten hinunter. Die Sonne stand noch hinter dem Küstenvorsprung und kämmte ihr Haar in den Himmel hinauf. Der Wind war noch leiser als ich, alles ging auf den Zehen. Hinter dem Mäuerchen der Terrasse vernahm ich eine Stimme – ein Agnello! Hier unter Michelinos Haus ist der felsige Abhang mit Kaktusfeigen überwuchert. Als ich über das Mäuerchen blickte, sah ich Graziella, ja, so heißt sie, dastehen, sie hatte nur ein Hemdchen und ein Leibchen an und sah noch ein wenig verschlafen aus. Ein

Agnello hing affenhaft auf einem Kaktusungetüm und hieb mit einem Hackmesser jeweils die Hälfte von den löffeligen Blättern ab, die am Rande die roten Früchte tragen. Er pickte, wenn das Blatt halb heranhing, mit der Spitze des Messers hinein und warf es, um sich an den feinen Stacheln nicht zu verletzen, ohne es mit den Fingern zu berühren, vor Graziella hin. Die schien aber wenig Lust zu haben, die stacheligen Feigen abzupflücken. Sie hatte erst eine Handvoll in ihrem aufgeschürzten Hemdchen. Das Morgenlicht um die junge Gestalt war, von den fleischigen Blättern zurückgeworfen, ganz grün, und Graziellas Schenkel waren brauner, als ich es geglaubt hatte. Um ihre fast ebenso braune junge Brust lag die Morgenstille. Feldgöttinnen dürfen nicht herrlich sein, sie müssen dem gleichen, was sie darstellen; in diesem Augenblick sah ich das ein.

Da ich sie nun also gesehen hatte und mich nicht zurückziehen wollte, ohne ihr guten Morgen zu sagen, tat ich es denn, – doch da purzelten ihr die Feigen aus dem Hemdschoß den Abhang hinab. Sie war erschrocken und schämte sich. Agnello lachte wie immer. Ich grüßte noch einmal und ging, – der Tag hatte gut begonnen.

Diese unauffällige Schönheit Graziellas paßt zum unauffälligen Glück des Michelino. Der bescheidene Glanz dieses Fleisches ist aus reinlichen, einfachen Substanzen aufgebaut: aus Brot und Wein, aus Kräutern und Öl und Bohnen, aus Geschenken also dieses mageren, aber gesegneten Bodens. Die Sonne bräunt und glättet diese Haut, und die Seelen fühlen sich wohl darin. – Ein Dichter, der dieses Leben Michelinos ganz ausschöpfen und richtig preisen wollte, müßte, wenn nicht ein Virgil, so doch ein Virgilino sein. Und sein Buch sollte heißen: »Vom großen Glück des kleinen Michelino«, dessen Nachbar zu sein ich mich rühme.

Der Sommer war über Positano gekommen, ein flimmernder, trockener Sommer, der die Menschen die Backen aufblasen und schwitzen ließ unter seiner Sonnenfron. Das Meer lag Tage und Wochen wie ein Tamburin glatt gespannt, und die Berge wurden farblos und schienen, wie mit heißen Gasen gefüllt, ohne Schwere durch die Tage zu treiben. Von der Sonne, nach deren erstem und letztem Zipfel man in den andern Jahreszeiten gehascht hatte, sprach man nicht mehr. Sie war da, droben, wohin man den Blick nicht richten durfte; sie war da und füllte mit ihrem Körper den oberen Teil der Welt und füllte den Spiegel des Meeres, welcher den heißen Schein in schwerthafter Schärfe von unten her gegen die Häuser heraufschickte; sie war da, die Sonne, eine tödlich unnahbare Majestät, allgegenwärtig und ohne Gnade.

DER URLAUB

Auf dem Segelschiff »Annamaria«, das in den Hafen von Neapel einfuhr, befand sich ein junger Leichtmatrose, Benjamino mit Namen, der, als er seine Heimat, einen kleinen Ort in der Bucht von Salerno, so nahe sah, um einige Tage Urlaub bat, welche ihm auch sofort bewilligt wurden. Doch teilte ihm der Kapitän mit, daß er nicht länger als drei Tage dem Schiff fernbleiben dürfe, da die »Annamaria« nach dieser Frist mit dem ersten günstigen Wind nach Australien segeln werde. Benjamino packte also sein Köfferchen, fuhr noch an diesem Morgen mit der Bahn nach Castellamare und von dort mit dem Autobus an den Fuß des Berges, auf dem sein Heimatdorf über dem Meere lag.

Es war ein sonniger Tag. Er hatte im Tal einige blühende Mandelbäume gefunden und einen kleinen Zweig abgebrochen. Als er ihn so den Berg hinauftrug, wurde ihm der rosige Blütenschweif zu einer Wünschelrute, die ihm auf Schritt und Tritt, je näher er den armseligen Häusern auf der Höhe kam, immer schönere Erinnerungen anzeigte. Und als er am Abend, es war schon dunkel geworden, auf den gestampften Lehmboden des Hauses trat, wo Vater und Mutter und die jüngeren Geschwister zwischen den Betten saßen, war sein Hochgefühl, die Eltern mit seinem Wiedersehen derart freudig zu überraschen, auf einem Gipfel angelangt.

Der Vater ging in die Schenke, um Wein zu kaufen, und man rief die Nachbarn. Unter ihnen war auch die kleine Antonia, welche den nach drei Jahren Heimgekehrten den ganzen Abend mit einem Ausdruck der Überraschung anschaute. Benjamino erzählte – man hatte zwei Öllämpchen angezündet – von Eisbergen, Nebeln, schneeigen großen Städten im Norden; er beschrieb seine Kameraden und gelegentlich sprach er Norwegisch und Englisch, um seinen Zuhörern zu zeigen, was er alles gelernt hatte.

Am andern Tage trat er wie im Traum zwischen den wenigen Häusern des Örtchens umher, stieg zu den Bauern, die auf den Terrassen gruben, hinauf und hinab; ging in die Häuser, mußte Käse probieren und Wein trinken; und das Heimatdörfchen kam ihm wie der Bug eines riesigen Schiffes vor, das mit ihm in die Sonne und Seligkeit seiner Jugend rauschend zurückfuhr. Am Abend saßen sie wieder zusammen, und wieder war er Mittelpunkt eines atemlos lauschenden Kreises. Antonia saß neben ihm, und plötzlich, als er gerade von Schenken, lustigen Kameraden und Frauen erzählte, spürte er einen brennenden Schmerz auf seinem Fuß. Antonia, die das Feuer schürte, blickte ihn mit einem funkelnden Lächeln von unten her an. Sie hatte ihm mit einem Krümel Kohlenglut diesen Schmerz bereitet. Er errötete und rieb die verletzte Stelle, niemand hatte es bemerkt. Doch gleich darauf sagte er: »Morgen früh muß ich zeitig aufstehen, sehr früh, habt ihr einen Wecker?«

Seltsamerweise hatte er in seiner ersten Freude noch niemandem mitgeteilt, wie kurz sein Besuch bemessen sei. Und als nun Vater und Mutter und auch die Nachbarn

– Antonia schwieg – bestürzt auffuhren, fragte er wieder hartnäckig nach dem Wecker. Da sagte Antonia, ihre Eltern hätten einen, sie werde ihn holen.

Der Abend war noch lang. Benjamino trank viel Wein, und als sie alle gegangen waren, bat er noch einmal und schon lallend die Mutter, ihn rechtzeitig zu wecken.

Als er am Morgen dann die Augen aufschlug, stand seine Mutter vor ihm, besorgt und doch lächelnd: es sei leider schon neun Uhr, der Wecker sei wohl auch betrunken gewesen.

Mit einem Sprung war er aus dem Bett und in zehn Minuten stürzte er, nachdem er hastigen Abschied genommen, den Treppenpfad bergab zum Meer. Da der Omnibus längst vorbei war, nahm er sich eine Carozza. Als er im Hafen von Neapel ankam, hatte die »Annamaria« genau vor zwei Stunden die Anker gelichtet.

Zuerst stand er wie betäubt da mit seinem Köfferchen, das er in der Eile mit einer Kordel zugebunden hatte. Endlich schüttelte er den Kopf mit schmerzhaft zusammengezogenen Brauen und flüsterte einige Male den Namen des entschwundenen Schiffes mit zuckenden Lippen vor sich hin. Der Gedanke, sich auf einem andern Schiff anheuern zu lassen, kam ihm gar nicht, er dachte nur an die »Annamaria«, dachte an den guten alten Kapitän und die jungen Kameraden. Bei der Vorstellung, die könnten ihn gar für einen Ausreißer halten, empfand er ein Frösteln. Er war zu schnell den Treppenpfad vom Berg heruntergehastet und auch in dem nun fremden Hafen war er wie ein durchgehender Gaul hin und her gerannt. Den Rücken vom Schweiß durchnäßt, schlenderte er müde auf dem Quai umher, stundenlang. Es wurde Nacht, und er merkte es nicht. Am andern Tage erschien er wieder bei den Eltern. Er stellte sein Köfferchen hin und machte der Mutter gleich Vorwürfe, daß sie ihn nicht zeitig geweckt hatte. Es gab einen Wortwechsel, in den auch der Vater eingriff, welcher ihm schließlich sagte, wenn er nur gekommen sei, um zu Hause alles durcheinanderzubringen, solle er doch wieder gehen.

Benjamino verließ ohne Widerrede das Haus und stieg den Berg höher hinan, bis dorthin, von wo er eine gute Aussicht hatte. Er starrte übers Meer hinaus, auf das sich langsam die Nacht herabließ. Die »Annamaria« segelte nun gewiß vor Palermo, vielleicht schon südlicher. Als er sich endlich umblickte, kamen ihm die Ölbäume, die Terrassen, die Kalkfelsen – alles, was ihm vorgestern noch von Erinnerungen voll war, öde und langweilig vor. Er ging heim. Der Vater stand in der Käsekammer, sie lag neben dem Schlafzimmer. Auf einem Bord neben der Tür steckte in einem Krug noch der Mandelblütenzweig, der ihm vorgestern seine Jugendjahre Schritt für Schritt aufgeweckt hatte. An der Wand darüber hingen ein Strang Knoblauch und getrocknete Tomaten. Eine große irdene Schüssel voll säuerlich riechender Milch stand auf dem Tisch.

Er machte ein paar Schritte über den Estrich und ging wieder hinaus. In der Dunkelheit begegnete er Antonia. Sie lächelte glücklich: »Jetzt bleibst du hier, nicht wahr?« Er zuckte mit der Schulter und hob die Nase schnuppernd in die Luft. Es werde wohl noch Regen geben heute nacht, sagte er und ging allein weiter. Hier bleiben, die

Terrassen umgraben, Holzkohlen zu Tal tragen, Käse machen? Und im nächsten Jahr heiraten, diesen Klumpen Erde? Nächstes Jahr? – In welchem Hafen würde im nächsten Jahr genau um diese Zeit die »Annamaria« liegen? Vielleicht noch in Australien? Dieses Land hat er noch nie gesehen. In der Schule hat er es einmal mit Austria verwechselt. Und er fröstelt und klappert mit den Zähnen.

Benjamino zog, zu Hause angekommen, seine Matrosenuniform aus und legte sich ins Bett. Die Mutter bat den Krämer, wenn er nach Positano hinunterkomme, den Arzt heraufzuschicken. Benjamino lag im Bett der Eltern, der Vater schlief neben ihm, in dem andern Bett lag die Mutter. Noch ehe der Arzt heraufkam, war er wieder auf den Beinen. Der klopfte ihm behaglich wie einem starken Gaul auf den Nacken und versicherte der Mutter, Benjamino sei nur ein bißchen nervös und erkältet. Benjamino ging noch einige Wochen fröstelnd und hustend durch den Regen, der jetzt tagelang auf den Berg herabfiel, es hielt ihn nicht im Hause. Der Regen mache ihn gesund, so sagte er – und starb dann leise am ersten schönen Frühlingstag in der Morgenfrühe, seine Eltern hatten den Augenblick seines Hinscheidens erst eine Stunde später wahrgenommen.

An diesem Morgen war er aus seinem Schweigen, das den Eltern wie ein angestrengtes Hinauslauschen vorgekommen war, plötzlich aufgefahren und hatte der Mutter ins Ohr geflüstert: »Der Doktor hat recht, ich bin nicht krank. Aber ich kann hier nicht bleiben, bei euch riecht es mir zu sehr nach saurer Milch und Käse!«

Die Mutter aber und jedermann, dem sie diese letzten Worte Benjaminos wiederholte, waren fest überzeugt, daß er im Fieber gesprochen habe. Sie wußten ja nicht, welche Gerüche es auf einem Segelschiff gibt, das, von den reinen Winden getragen, allein durch den einsamen Ozean rauscht.

Der Wind hatte eine spitze, kühle Zunge, wenn er kam, aber meist war er anderswo. Wenn man ihn sehen könnte, sicherlich bewegte er sich ähnlich wie die Seeschwalben dort, wie die Möwen; jedoch wäre er kein Punkt, sondern eine lange, bewegte Linie. — Und die Grillen sind auch schon erwacht. Der Himmel wolkenlos, mit feuchtem, lichtem Grau angefüllt; das Meer in derselben farblosen, aber freudig stimmenden grauen Helle. Es ist noch nicht Morgen, oder doch schon? Der schräg ins Meer abfallende Berggrat im Osten hält noch die aufgehende Sonne zurück, so kann man in das rötliche Wallen des Lichtes schauen, ohne die Augen zukneifen zu müssen. Der Horizont im Osten ist noch nicht da und läßt nicht das ferne Gestade sehen, Dunst, feiner Dunst, Unendlichkeit durch Verhüllen … Im Süden zwischen den noch geschwisterlich ineinander verglänzenden Flächen von Himmel und Meer ein nur geahnter Strich, ein Hauch von Abstandhalten, wie zwischen zwei Liebenden, die in strenger Gesellschaft sind und Rücksicht nehmen. Farbe hat nur das Wasser in den kleinen Buchten, im Schatten der ins Meer gleich gotischen Strebebogen herabsinkenden Berggrate; dort ist es stumpfblau und schwärzlich-grün.

DIE HIMMELSSCHUHE

Ich hatte die Hälfte meines Lebens hinter mir und wußte immer noch nicht, wozu Schuhe eigentlich da seien — bis ich eines Tages auf die beiden alten Frauen, die Schwestern Giuseppina und Sofia, stieß und hier über den eigentlichen Zweck von Schuhen mehr erfuhr. Puppi und Zuffi, so wurden sie genannt, wohnten in meiner Nachbarschaft. Doch stiegen sie gern die zerfallene Treppe auf den Pfad herab, weil hier manchmal Kinder spielten oder irgend jemand, der auf den Friedhof wollte, mit einem Gruß vorüberging. Da saßen sie denn auf der untersten Treppenstufe, weißhaarig und braun und ebenso verwittert wie die Bruchsteinmauer, auf die ihre Schatten fielen, ließen sich von der Sonne bescheinen und spannen dabei. Sie hatten ihre mageren Lenden mit einem Bindfaden gegürtet und in diese Festigung den Stecken des Spinnrockens gesteckt; und während die Finger ihrer Linken den Flachs zupften, brachte ihre Rechte das Gewicht der hängenden Spindel in drehende Bewegung. Wenn ich sie so in der großen Stille des Nachmittags dasitzen sah, würdig und mit dem anmutigen Fingerspiel des Spinnens, wurde ich an die glänzende Menschenwoge erinnert, die von Griechenland her über Sizilien heraufgeflutet war, über Sybaris nach Paestum, und von dort nach Positano. Und diese beiden alten Schwestern inmitten von flimmerndem Kalk und schattensprenkelnden Ölbäumen deuteten mir die Landschaft; sie gaben, allein mit ihrer Gegenwart, dieser mageren, aber lichtverklärten Erde einen Namen, einen, der die Einöde mit Welt erfüllt: magna graecia! Doch dann geschah jedesmal das gleiche: ihre Kleider brachten mich dazu, daß ich aus meiner spielerischen Vision erwachte. Sie trugen wie viele arme Frauen des Ortes abgetragene Sachen, die ihnen von Verwandten aus New York geschickt worden waren. Diese Cocktail- und Abendkleider wirkten auf den dürren alten Leibern wie eine unfreiwillige Maskerade, zumal Puppi und Zuffi sommers und winters barfuß gingen. Da es mir unbekannt war, daß sie nie Schuhe getragen hatten, fragte ich sie eines Tages, warum ihre Verwandten ihnen nicht auch Schuhe schickten. Zuffi blickte mich erstaunt an und antwortete sofort – sie war feuriger als Puppi –: Schuhe? Dafür hätten sie immer noch Zeit! Und ließ die Linke vom Flachs und machte eine fortschiebende Bewegung in die Luft. Puppi nickte. Ich aber verstand von Schuhen noch immer so wenig als zuvor.

Indem nun der Krieg kam und, kleinlich wie er ist, keine Pakete mit alten Kleidern und Schuhen von New York nach Positano mehr durchließ, liefen viele arme Leute ganz oder halb barfüßig herum, und die nackten Füße der alten Schwestern erregten nicht weiter meine Neugier. Kaum aber daß der Krieg seinen Schalter geschlossen hatte, öffnete die Paketpost in New York wieder den ihren, und ganz Positano ging gekleidet wie die soundsovielte Straße in New York vor dem Kriege. Auch in das Haus der alten Schwestern fand ein großer, in

Segeltuch eingenähter Ballen den Weg, und zwar auf den Schultern unserer damals neunjährigen Tochter. Sicherlich mußten darin unter anderen nützlichen Sachen auch Schuhe sein, so überlegten wir. Doch als ich die Schwestern das nächste Mal auf ihrem gewohnten Platz unten an der Treppe fand, waren sie barfüßig wie sonst. Entschlossen, die Spanne des geziemenden Abstandes zu überspringen, fragte ich: ob denn keine Schuhe im Paket gewesen seien?

Zuffi warf den Kopf in den Nacken und antwortete in ihrer heftigen Art: »Schuhe? Natürlich waren Schuhe im Paket! Es war ja auch höchste Zeit, daß die Schuhe ankamen!« Gewiß – aber warum saßen sie dann, wenn es wirklich höchste Zeit für die Ankunft der Schuhe war, weiter barfüßig da? So wandte ich mich an die sanfte Puppi. Sie antwortete mir ungefähr dasselbe wie Zuffi, seufzte aber fromm hinterdrein, daß sie nun, nachdem die Schuhe angekommen, ruhig sterben könnten.

Da ich einen Zusammenhang zwischen Schuhen und friedlicher Sterbestunde nicht finden konnte, ließ ich von meinem Fragen ab. Ich hätte über den eigentlichen Zweck von Schuhen auch nie etwas erfahren, wäre nicht Puppi nur wenige Tage nach unserem Gespräch plötzlich gestorben. Wir hatten nur gehört, daß sie in ihrem dunklen Hause die Steintreppe hinabgestürzt war. Wir machten am folgenden Tag unsrer toten Nachbarin den von der Sitte vorgeschriebenen Besuch. Ich merkte an der Weise, wie Zuffi mich immerfort anblickte, daß sie etwas auf dem Herzen hatte. So schickte ich die Meinen nach Hause und blieb bei ihr sitzen. Die tote Puppi hörte, wie schon bei Lebzeiten, sanft und mit einem ein wenig geistesabwesenden Lächeln zu.

Zuffi eröffnete ihre Aussprache mit dem Vergießen und Auftupfen einiger Tränen. Darauf seufzte sie und schlug sich mehrmals gegen die Brust, rief die Madonna an und bat Puppi immer aufs neue um Verzeihung. Sie müsse es jemand eingestehen, murmelte sie, müsse sich das Herz erleichtern, vor dem Pfarrer habe sie noch zuviel Angst. Sie werde es eines Tages beichten, wenn sie sich stärker fühle, aber Puppi sei auch nicht immer so ein Engel gewesen wie jetzt, – Zuffi warf einen hurtigen und ziemlich vorwurfsvollen Blick auf die Tote. Es habe sich manches – viele Sachen, sagte sie – zwischen ihnen seit der Ankunft des Pakets ereignet. Das könne sie nicht gut erzählen. Und da sei sie sehr zornig geworden und habe sich ins Bett gelegt und Puppi erklärt, sie sei krank. »Ich wollte sie zu meiner Magd machen, wollte sie wie einen Floh um mein Bett springen lassen. Ja, das wollte ich!«

Als ich sie nun rundheraus fragte, warum denn, bei allen Heiligen, sie plötzlich gegen ihre sanfte Schwester habe so grausam werden können, blickte sie auf die Tote und schüttelte schließlich den Kopf. »Nein, das soll die Puppi selber beichten«, sagte sie entschlossen, »ich sag' Ihnen nur, was ich gemacht habe.« – Am dritten oder vierten Tag ihrer gespielten Krankheit also habe Puppi gemerkt, daß sie gar nicht krank sei – und ihr darum auch das Glas Wasser, um das sie gebeten hatte, einfach nicht gebracht. Der Weg die Treppe hinunter in die Küche, so habe Puppi gesagt, sei ein wenig dunkel, und sie wisse nicht, wo die Kerze liege und die Streichhölzer.

Da nun rief Zuffi ihrer Schwester gebieterisch zu, daß sie älter sei — sie war sechsundachtzig, während Puppi erst vierundachtzig war. Und noch etwas rief sie. Doch bevor Zuffi ihre authentischen Worte, die in der Tat einem Fluch gleichkamen, mir wiederholte, duckte sie sich, blickte wieder vorsichtig die Tote an und flüsterte: »Und dann sagte ich — ja, Signore, ich sagte: ‚So krepier doch, du faule Laus!‘«

Begreiflich, daß die sanfte Puppi nicht länger zögerte, sondern, sich an der Wand entlang tastend, sofort nach unten begab. Genau da hörte Zuffi einen Schrei. »Madonna« hatte Puppi nur noch rufen können, und alles war still.

Zuffi trocknete sich mit dem Rocksaum die Tränen, stand von ihrem Stuhl auf und trat an das Fußende des Paradebettes. »Da«, sagte sie in erklärendem Tonfall, »sehen Sie, Signore, sehen Sie, diese Schuhe! Sie hatte sie schon an ... Das war es ...«

Ich erhob mich und trat neben Zuffi. An den Füßen der Toten steckten Schuhe, Lackschuhe, zum Fest, zum Tanz bestimmt. Die Schleifen saßen anmutig schief, nein, geradezu keck, die Absätze waren fast so lang wie Sektgläser — ja, Zuffi hatte recht: das war es ...

Und plötzlich wußte ich: diese Schuhe hatten nicht nur Puppis Sturz verursacht, sondern ebenso den Streit zwischen den Schwestern ...

»Schöne Schuhe«, sagte ich also, »und jetzt zeig mir mal die deinen!«

Durch die Nase ihre Tränen aufschnaufend, schlurfte Zuffi zu der Kommode und brachte mir einen weißen Karton. Darin lagen sie — auch glänzend von Lack, auch mit einer Schleife versehen, auch mit hohen Absätzen –, aber gegen Puppis schwebende Blumenkelche waren die von Zuffi tantenhaft, ordentlich und nur einfach fein.

Ich blickte Zuffi in die alterstrüben Augen und sagte: »Die von Puppi gefallen mir besser.«

»Oh, mir auch, Signore«, fiel sie heftig ein und schob die Lippen vor.

»Aber daß du dich deshalb ins Bett gelegt und deine Schwester zur Magd gemacht hast –«, ich wiegte tadelnd den Kopf.

Zuffi weinte ein Weilchen vor sich hin. Sie schien nun doch entschlossen, Licht in die Sache zu bringen und einen Teil der Schuld von sich abzuwälzen.

»Ja, Signore«, begann sie, »ich war wohl schlimm gegen Puppi. Aber sie war auch schlimm gegen mich. Als wir die Schuhe auspackten, lief sie mit den schönen da, die sie jetzt anhat, in die Ecke des Zimmers, dorthin – und sie sagte immer wieder: ‚Das sind meine. Die hat der Ettore mir geschickt!' In Ettores Brief aber stand nichts davon drin, wem diese Schuhe gehören sollten. Eure Tochter, Signore, hat uns Ettores Brief zweimal ganz vorgelesen, aber nichts stand davon drin, nichts! ‚Gut Schwesterchen', sagte ich darauf, ‚so sollen die Schuhe weder dir noch mir gehören. Wer von uns beiden zuerst stirbt, der soll sie haben.' War das nicht gerecht, Signore? Aber was sagte mir darauf die Puppi: ‚Eh, dich kenn ich. Wenn ich tot bin, ziehst du mir doch die andern an.' O Signore, ich wurde krank vor Zorn und legte mich ins Bett. Doch, ich merk' es jetzt erst: ich war wirklich ein bißchen krank. Und was tut nun Puppi? Vor meinen Augen zieht sie die

Schuhe an und geht damit hier um mein Bett herum. Gehen, sag' ich? Sie humpelte wie ein lahmes Huhn, die Schuhe waren ihr ja viel zu klein, mir hätten sie gepaßt! Und als ich ihr das sagte, rief sie – kein Mensch hätte das unserer braven Puppi zugetraut –: ‚Schweinsfüße', so rief sie, ‚soll die Madonna dem machen, der mir diese Schuhe wegnimmt.' Ich kann schwören, daß Puppi das gesagt hat – oder nicht, hast du es nicht gesagt?«

Zuffi wandte sich mit dieser Frage, die sie zwar scheu und mit weinerlicher Stimme vorbrachte, an die Tote. »Ich weiß, ich hab' sie springen lassen«, fuhr Zuffi düster fort, »aber, Signore, wenn sie diese Schuhe ausgezogen hätte, wenigstens abends und bei der Nacht – wer geht denn mit Schuhen zu Bett? –, wäre sie dann die Treppe hinabgestürzt?«

Ich stimmte ihr in dieser Hinsicht bei, doch erinnerte ich sie daran, daß Puppi die jüngere von ihnen beiden gewesen sei und daß nun einmal der jüngeren Schwester die schöneren Schuhe zustünden.

Nach Puppis Begräbnis tauchte aus dem dunklen Schoß der Verwandtschaft ein Großneffe auf und zog, ohne daß er Zuffi gefragt hatte, mit seiner zahlreichen Familie in den unteren Stock ihres Hauses ein, indem er ihr mit düsterer Entschiedenheit erklärte, daß es seiner Ehre widerstrebe, eine hilflose alte Tante allein zu lassen. Zuffi hielt meine Tochter auf der Straße an und teilte ihr flüsternd mit, dieser Großneffe sei ein schleichender Wolf. Der warte nur auf ihren Tod, um ihr Haus zu besitzen, die Matratzen, die Möbel und Töpfe. Aber das sei ja alles nicht so schlimm. Sie näherte sich dem Ohr des Kindes und flüsterte: »Der will meine Schuhe haben, Beatrice, für seine Frau! Und ich – ich steh' dann barfüßig an der Himmelstür!«

Beatrice machte ihre Eltern und sogar den Pfarrer zu Mitwissern von Zuffis Nöten. Monsignore meinte, man müsse vor allen Dingen mit dem Schreiner sprechen, der Zuffi eines Tages in den Sarg legen werde, auf den komme es an, der dürfe den Sarg nicht eher schließen, bis nicht Zuffi ihre Festschuhe anhabe.

Eines Tages nun saß Zuffi vor unserer Haustüre im Garten und klopfte. Als wir alle kamen und sie umstanden, erzählte sie uns, die eine Hand schamhaft vor dem Gesicht, daß die Räuber ihr die Schuhe gestohlen hätten, »die Räuber«, sonst hatten wir eigentlich nichts verstanden, und: »die Schuhe!«

Wir boten ihr an, Ettore zu schreiben, gewiß kämen bald neue Schuhe an, schönere noch als die von Puppi. Da ließ sie die Hand vom Gesicht fallen und rief angstvoll: »Und wenn ich morgen sterbe? – oder übermorgen? Ohne Schuhe, wie ich dastehe? Was dann? Ich kann doch nicht –«, die Stimme versagte ihr angesichts der beschämenden Lage, in der sie sich bereits sah: barfüßig auf dem Totenbett und vor allem: am Himmelstor!

Wir sprachen sofort mit dem Pfarrer. Die Schuhe des alten armen Weibleins erhielten in seiner hingedonnerten Predigt des folgenden Sonntags so viel Himmelsglanz und die Tat des Diebes so viel Höllenschwärze, daß bereits am andern Morgen die Schuhe vor Zuffis Kammertür standen. An diesem selben Montag kam Zuffi zu uns, um sich einen Schuhlöffel zu borgen. Beatrice ging mit ihr hinüber und half ihr in die Schuhe. Es werde Zeit für sie, die Schuhe anzuziehen, sagte Zuffi. »Und ich lasse sie jetzt gleich an, dann bin ich sicher«, sie lächelte listig, »denn diese Räuber da unten, die sagen sonst hernach, meine Füße seien geschwollen gewesen, und sie hätten sie mir nicht angekriegt.«

Mit verkniffenem Gesicht hatte sie darauf einen Schritt gewagt und mit einem Ächzen den nächsten. »Im Himmel«, sagte sie und versuchte zu lächeln, »drücken sie nicht mehr.«

Nach wenigen Tagen sah Beatrice den Schreiner mit einem Sarg in das alte braune Haus gehen. Sofort schloß sie sich ihm an und holte hernach auch uns zu Zuffi. Die Alte lag schon im Sarg und lächelte auf dieselbe Weise wie ihre Schwester. Die Schuhe glänzten, und Beatrice flüsterte mit dem Schreiner. Der nickte und griff nach dem Sargdeckel und bestätigte ihr: »Du hast recht, auch der Pfarrer hat mir Bescheid gesagt, wir machen lieber den Sarg gleich zu!«

Wir lächelten alle in einem tiefen Einverständnis mit Zuffi, und ich wußte endlich, wozu eigentlich Schuhe da sind.

Auf dem Strand war schon Bewegung ausgesprenkelt, wenn auch noch kein Lärm heraufdrang. Die Fischer hatten, soeben heimgekehrt, ihre Netze zum Trocknen auf den Sand ausgebreitet. Dunkelbraun lagen diese auf dem helleren Braun wie Hosen, Netzunterhosen von Riesen, deren Schuhe die Boote auf dem kaum schwappenden Rand des Meeres waren. Ein grünes Bootchen lag kieloben im Wasser, und noch näher am Wasser blinkten zwei kleine weiße Bojen mit Fischnetzen, darin zappelten die silbernen Leiber unter der Oberfläche des Wassers. Manchmal schnellte ein Dutzend herauf. – Ob sie wohl fühlten, daß sie gefangen waren, oder war das Spiel – immer noch Spiel? Weiter draußen tummelte sich mit scharfem Gezwitscher ein Schwarm Seeschwalben dicht über der wie Viehsalz glänzenden Fläche. Das Licht wuchs. Die Röte am Himmel und auf der Flut wurde lieblicher, glühender. Die Bergwände trugen noch kühlblaue Schatten. Die Schründe und Risse in den Kalkabstürzen und das Dämmern unter den Oliven und Karuben an den Abhängen war wie mit betautem Spinnweb verhangen.

DIE HEILSAME SÜNDE DES DON GIANINO

Der alte Domküster Don Gianino wohnte in meiner Nachbarschaft. Seine beiden Schwestern, die noch älter waren als er, sah man nie; die eine lag seit Jahren gelähmt im Bett, die andere pflegte sie.

Gianino war früher meist mit einem sanft gelächelten Gruß an mir vorübergegangen. Seit aber die Geschichte vom Schmuck der Madonna in aller Munde war, blieb er immer wieder bei mir stehen und begann jedesmal auf dieselbe versonnene und von innen getriebene Weise die Sache zu erzählen, die ihm geschehen war und seine einfache Seele nicht zur Ruhe kommen ließ. Eigentlich, so schien es mir, wollte er durch sein wiederholtes Erzählen des gleichen Vorganges sich selber etwas klarmachen – und zwar etwas, das nicht klarzumachen war: daß nämlich seine Sünde für die Madonna der Ausgangspunkt gewesen sei, ein Wunder zu wirken. Und was für eines! Da war also Raffaela, so hieß Gianinos gelähmte Schwester, mit einem Schrei und einem Satz aus dem Bett gesprungen, kaum daß sie vernommen hatte, wie jäh und tief ihr Bruder dem Teufel in die Fänge geraten war – »und sie war lahm, Signore«, versicherte er mir, »lahm wie ein Eselsschwanz in der Salami!«

Diese merkwürdige Begebenheit hatte sich am dritten Sonntag im neuen Jahr zugetragen – »Gott sei Dank war's kein Festtag«, Don Gianino unterbrach sich mit einem Dankesblick gegen den Himmel, und ich verstand nicht, als er mir die Geschichte zum erstenmal erzählte, warum er so glücklich war, daß sich der Vorfall an keinem Festtag ereignet hatte.

Es ging gegen Abend, er wollte gerade den Dom abschließen, als ein Mönch auf ihn zutrat und sehr leutselig mit ihm alsbald ein Gespräch begann: über den schönen Dom, über den bösen Krieg und die drohenden Bomben, die selbst vor Domen keinen Respekt hätten. Und von hier kam der Mönch auf den Hunger der Armen zu sprechen und die in den harten Himmel des Reichtums entrückten Spaghettitöpfe. Schließlich fragte ihn der mitleidige Frate geradezu, wann er eigentlich das letztemal Spaghetti gegessen habe – in so einer richtigen Tomatensauce, in der Schnecken oder auch Fleischklößchen sich versteckten? Oder ob er eine Sardellensauce vorziehe?

»Oh, Signore, mir lief beinahe der Saft unterm Schnurrbart hervor. Und wie ich nun sage, das seien sicher zwei Jahre her – es war aber nur eins, hab' ich hernach ausgerechnet –, da gibt mir doch dieser Mönch tausend Lire und sagt: ‚Hier, die heilige Kirche ißt, und da soll auch so ein alter Kircheninvalide essen.' Dieser fromme, dieser gute Mensch, dachte ich. Ich sollte also essen gehn, und er wollte im Dom allein sein und beten. Ja, und nun sehen Sie, Signore, was weiß man von Mönchen! Die tausend Lire waren echt, auch die Spaghetti – aus der Blüte des Mehls waren sie –, aber der Mönch? Es kann ja nur ein falscher Mönch gewesen sein – oder, was glauben Sie, Signore, war's doch ein Engel?«

Ich war sehr überrascht, als mir Gianino zum erstenmal diese Frage stellte. »Wieso ein Engel?«

»Nun ja, nun ja, was wissen wir schon«, murmelte Don Gianino und hob seine mageren Schultern so hoch, daß er einen Buckel zu haben schien. Nun wußte mittlerweile jedes Kind in Positano immerhin so viel, daß der Mönch sich in der Kirche durchaus anders als ein Engel verhalten hatte. Während der Küster bei Giacomino über seinen Teller gebückt saß und schlürfte und schluckte und die saftigen, glatten Mehlfäden durch seinen Schlund schlüpfen spürte, hatte sich der Mönch an den Schmuck der Madonna gemacht und war damit auf und davon. Don Gianino aber hatte das Gefühl dieser unerwarteten und wie vom Himmel stammenden Sättigung fromm gestimmt. Bevor er den Dom abschloß, wollte er darum noch der Madonna seinen Dank sagen, als er – an ihrem nackten Hals, wie er sich ausdrückte – den furchtbaren Frevel bemerkte. Er stieß einen Schrei aus und eilte, so schnell ihn seine alten Beine trugen, zum Pfarrhaus hinauf. Er spürte, da er wie ein Trunkener die Treppe hinantorkelte, die Spaghetti als eine richtige Sündenlast in seinem Bauch. Monsignore Crusca saß nur mit Hose und Unterhemd bekleidet breit und würdig auf der Schwelle seines Hauses und las das Brevier. Der Küster blieb vor seinem Herrn stehen, fuhr mit den Händen in der Luft herum und seufzte: »O Monsignore!« Don Crusca hob das volle, braune Gesicht und murmelte, während er den Küster in unwilligem Fragen anblickte, das »Magnificat« ruhig zu Ende. Gianino aber breitete die Arme: »O ich Unglücklicher«, rief er, »die Madonna – o Monsignore, das ist mein Tod – ein Mönch hat die Madonna – die Krone, das Halsband und die Ohrringe – ja, ein Mönch –«

Don Crusca war langsam auf die Beine gekommen und in die Höhe gewachsen. »Jetzt sagst du mir genau, was dieser Mönch mit der Madonna angestellt hat, oder ich werf' dich die Treppe hinunter!« Don Gianino erzählte darauf, nicht anders, als ob er im Beichtstuhl kniete, was geschehen war. Bei jedem Satz tat Monsignore langsam einen Schritt auf ihn zu, und Gianino tat ebenso langsam einen Schritt rückwärts, die Treppe hinab, Stufe um Stufe, mit der Linken stützte er sich an der Mauer.

»Geh läuten«, befahl endlich Don Crusca mit dumpfer Stimme, »alle Glocken läuten, alle! Bis ich wieder da bin!«

Als Don Crusca in die Festtagssoutane gekleidet voll einer unnahbaren Feierlichkeit erschien, hatte sich der Dom inzwischen gefüllt. Er bestieg die Kanzel und schilderte den Frevel an der Schutzherrin des Domes. Die Leute begannen zu jammern. Don Crusca ließ sich darauf von Don Gianino das Bahrtuch bringen, ging damit zu der Madonnenstatue und nahm ihr das Jesuskind vom Arm, »denn«, so rief er, »die arme Kreatur darf diese Schmach der Mutter nicht mit ansehen!« Damit hüllte er das schwarze Tuch um die Statue, warf sich vor ihr nieder und intonierte mit lauter Stimme sieben Aves, auf daß die Madonna ihm helfe, den Übeltäter zu fangen – oder daß sie ihm den Hals brechen, zumindest die Arme verdorren lassen möge. Die Gläubigen: Männer, Frauen und Kinder, seufzten, beteten, schlugen sich vor die Brust und weinten über die Madonna unter dem Bahrtuch.

Don Gianino stieg – es war schon dämmerig – langsam, sehr langsam die mehr als fünfhundert Treppenstufen zu seinem Hause hinauf. Den Schwestern zu begegnen, schien ihm nun noch schlimmer als der Augenblick vor dem zornglimmenden Glotzauge Don Cruscas. Die ganze Zeit überlegte er nur das eine: wie er es anstellen könnte, seine Schuld zu verkleinern; sie einfach zu verschweigen, schien ihm unmöglich.

So trat er leise in das weiße, gekuppelte Gemach. Eine Kerze brannte am Bett der gelähmten Schwester. Als sie ihn fragte, warum er denn zu so später Zeit und mit allen Glocken und derart lange geläutet habe, ließ er sich ächzend auf einen Stuhl fallen und begann sein Geständnis. Zuerst erzählte er eine Weile von einem fromm aussehenden, freundlichen Mönch. Aber als er dessen Tausendlireschein nun im Geiste wieder vor sich sah, war es ihm unmöglich, davon zu sprechen. Mit tausend Lire lebten sie alle drei, die Hühner und Kaninchen mit einbegriffen, zwei Wochen. »Denkt euch, er gab mir – Geld«, stammelte er also, »ja, Geld, was für ein freundlicher Mönch, nicht wahr? Ich sollte mich einmal sattessen.« Raffaela, die Gelähmte, rief empört: »Was, das sagst du uns: sattessen? Du bekommst bei uns nicht genügend zu essen?« »Ich habe – Spaghetti gegessen«, bekannte Gianino, senkte den Kopf und schwieg. Die Schwestern blickten ihn stumm an.

Spaghetti? Jetzt, mitten im Krieg? Ihre schwesterlichen Augen drückten zuerst Fassungslosigkeit, schließlich Empörung aus. Ihr Bruder, den sie für einen gütigen, anspruchslosen, frommen Mann gehalten hatten, war also imstande gewesen, mit dem Geld, das ein Mönch ihm schenkte, in ein Lokal zu gehen und – Spaghetti zu essen. Hätte er das Geld heimgebracht, so rechnete Giuseppina ihm vor, hätte das Spaghetti für sie alle drei bedeutet. Er wagte es nicht, ihr zu widersprechen: daß sie nämlich das Geld für Polenta und Kartoffeln, niemals aber für Spaghetti ausgegeben hätte, – er fühlte sich zu schuldig. Und auch um von der naheliegenden Frage abzulenken, wieviel Geld er denn eigentlich bekommen habe, stürzte er sich mit einem jähen Aufweinen in die ganze furchtbare Wahrheit. Als nun die Spaghetti gar in das fahle Licht einer richtigen Teufelsfalle gerieten, seufzten die Schwestern auf und bekreuzigten sich. Genau da war's, daß Raffaela den Schrei ausstieß, den lautesten ihres Lebens, und den Satz aus dem Bett vollführte, der ein Wunder war. Und sie stürzte sich über den Bruder und gab ihm eine Ohrfeige – welcher er nicht angemerkt habe, so versicherte er mir, daß sie von der Hand einer Gelähmten herrührte. Aber sie war ja auch nicht mehr gelähmt!

Gianino konnte in dieser Nacht nicht schlafen; er sah immerzu die Madonna unter dem Bahrtuch vor sich stehen. Als er am nächsten Morgen in der Sakristei die Kännchen mit Wasser und Wein füllte, trat Don Crusca ein. Kaum fiel sein Blick auf Gianino, als der zu weinen begann und in die Knie brach, die Hände erhob und Don Crusca bat, ihn doch von jetzt an hier in der Sakristei als Wächter schlafen zu lassen, er wolle nicht mehr nach Hause und auch nicht mehr von der Madonna fortgehen. Don Crusca hob ihn auf und sagte: »Beruhige dich, Jüngelchen! Du hast etwas Wichtiges an der Sache übersehen. Ja, du hast Glück gehabt, und ich auch: stell dir vor, als ich dich so weinen sah, wußte ich nicht mehr, ob es Sonn- oder Feiertag sei. Um ein Haar hätt ich dich die Treppe hinuntergeworfen, vielleicht sogar über das Mäuerchen auf die Straße hinab! Gruselig, nicht wahr, all der Granit... Du wärst tot gewesen, – und ich wär' ins Gefängnis gekommen. Da erst fiel es mir ein: Unsinn, wir sind doch aus den Festtagen heraus! Ich hab, Gott sei Dank, der Madonna ja selber vor acht Tagen, als wir die Krippe abbrachen, ihren Festtagsschmuck abgetan und in den Kasten gelegt. Trotzdem mußte ich den Diebstahl sehr ernst nehmen. Und es ist auch ganz heilsam, wenn die Leute sich manchmal über etwas richtig aufregen.«

Gianino hatte bis zu dieser Morgenstunde, da der Pfarrer derart ruhig über den verlorenen Schmuck der Madonna redete, noch nicht gewußt, daß da ein wesentlicher Unterschied zwischen Fest- und Werktagsschmuck bestehe. So fragte er denn: »Wie, Monsignore, all das Gold und die Steine – sind –?« Don Crusca spritzte das Wasser an seinen Händen, die er sich soeben gewaschen hatte, Gianino ins Gesicht und lachte: »Wasch dir doch mal die Augen! Alles Blech und Glas! Alles imitiert!«

Gianino war es, als ob bei diesem Wort Don Cruscas ein böser Traum von ihm abfiele. So sagte er: »Es ist gut, daß Ihr mir das erst heute sagt, Monsignore!« Als ihn Don Crusca neugierig anblickte, kam ein ganz kleines Lächeln unter Gianinos Augen, sicher dasselbe, das er auch mir zeigte, sooft er an diese Stelle seiner Erzählung kam. »Ja«, sagte ich zu Don Crusca, »ja, Monsignore, meine Schwester Raffaela sprang aus dem Bett und kann wieder gehen. Ob sie sich so aufgeregt hätte wegen Blech und

Glas? ... Und überhaupt« – diese Frage aber hatte Don Gianino ganz gewiß nicht dem Pfarrer gestellt – »wenn die Sache nicht passiert wäre, wenn ich also der Versuchung widerstanden hätte, – wäre dann Raffaela geheilt worden?«

Als der Dieb nicht gefaßt und der Schmuck nicht gefunden wurde, gab es einige ganz Fromme im Ort, die mit Don Gianino der Meinung waren, die Madonna habe den falschen Werktagsschmuck leid gehabt; der falsche Mönch hingegen sei ein echter Engel gewesen, der den wertlosen Schmuck zu stehlen hatte, damit der Pfarrer künftig der Madonna den großen Schmuck auch werktags gewähre. Indes – Don Crusca schüttelte unwirsch den Kopf, als Gianino ihm über diese Vermutung der Frommen vorsichtige Andeutungen machte. »Was? – den echten? – werktags? Und was soll sie dann an Himmelfahrt anziehen, an Weihnachten, Ostern und Pfingsten? He? Hernach schickt sie uns wieder einen Engel, und wir können ihr einen neuen, noch kostbareren Festtagsschmuck machen lassen. Lehr mich die Frauen kennen, Gianino! Nein, nein, der Mönch darf kein Engel gewesen sein, sonst ruiniert uns die Madonna!« Dabei blieb's. Monsignore ließ einen neuen Werktagsschmuck herstellen, der dem echten sehr ähnlich war. Dieser aber, der echte aus Gold und Juwelen, kam wie bisher nur zu hohen Festtagen aus dem Kasten.

Wir spürten, da wir nun hinabstiegen, die Schwüle, die an dem Berghang lag, noch stärker. Die Häuserwürfel standen in geometrischer Starrheit gegen das Meer, Kristalle, aber aus einer Mutterlauge gebildet, in welche die müdesten und grellsten Mittagsträume und der Schweiß und die Ängste von Generationen geflossen schienen. Wir hörten, wenn wir still standen und lauschten, die Brandung leise bis zu uns herauf donnern, diese eigenartige Schirokkobrandung, die, kurz und nervös anschlagend, die Küste säumte mit einem Schaumkranz, in dessen Farbe das wilde Augenweiß des Meeres blitzte.

DIE GROSSEN FERIEN

Jeden Morgen um halb acht Uhr, nun schon über fünfzig Jahre, pflegt Suora Caterina ihre Zelle zu verlassen und in das Schulzimmer zu gehen. In den letzten Jahren brauchte sie zu diesem Gang den Krückstock. Sie ist über achtzig, und die Gicht sitzt ihr im Leib wie das Stärkemehl in dem weißen Leinenschleier, welcher wie zwei Hörner starr von ihren Schläfen absteht.

Jeden Morgen sitzt sie vor acht am Pult und blickt in die Hefte und auf die leeren Tischchen vor sich, über fünfzig Jahre, jeden Tag eine halbe Stunde lang; nur in den Ferien nicht, das ist wahr! Suora Caterina konnte nie anders als mit einem Seufzer an die bevorstehenden Ferien denken. In dem Wort »Vacanza« klang für sie das dumpfe und sie von Jahr zu Jahr mehr mit Unruhe erfüllende Wort »Vacuum« mit. Diese Tage, diese langen Wochen konnte sie in ihrem Alter nicht mehr recht ausfüllen; die Tischlein, an denen ihre Schülerinnen die geistige Nahrung einnahmen, standen leer da, und das sah so sinnlos aus und so bedrückend.

In den Ferien wurde Suora Caterina, mit ihrer Gicht allein gelassen, bitter, und sie wollte nicht verstehen, warum es diese Einrichtung der Vacanza eigentlich gab. Sie fand es bezeichnend, daß in der Kirchensprache die »dies feriae« einen Tag bezeichnete, an dem kein Fest gefeiert wurde. Unterrichten aber, das war immer für sie ein Fest gewesen, und je älter sie wurde, desto leidenschaftlicher feierte sie diese Stunden mit den Kindern. Sie fühlte sich als eine Art Priesterin, welche die Kleinen verwandelte. Zugleich wachte sie über die Heranwachsenden mit jener sie traurig stimmenden Eifersucht, daß sie nicht zu schnell wüchsen ... Der Tag indes, da sie auf irgendeine Klasse des Gymnasiums in die Nachbarstadt abzogen, kam dann doch, und auch die Ferien kamen, und schließlich war sie wieder allein.

»Die Kinder gehören uns nicht, auch die nicht, die wir gebaren«, schrieb sie an ihre Freundin, als die sich über ihren Sohn beschwerte, der keine Zärtlichkeiten mehr duldete und mit kaum sechzehn Jahren sich schon als Mann aufspielte. »Die Kinder«, so schrieb Suora Caterina, »gehen eines Tages in die Ferien, ich meine: in die großen Ferien, und wir sitzen am Fenster und schauen aufs Meer. Ja, liebe Anna, und daß das so sein muß, kann mich gar nicht trösten. Ich möchte dieselben Schüler für mein ganzes Leben und immer als dieselben haben! Das ist eine ausgemachte Torheit unseres Herzens. Aber sage Manfredo, daß man auch mit sechzehn, ja, mit sechzig noch seine Mutter küssen soll!«

Als Suora Caterina am ersten Ferientag, morgens um acht Uhr, an ihrem Pult am Fenster saß, sah sie den Briefboten drunten aufs Haus zukommen. Sie wartete auf keinen Brief, sondern auf »Bambola« und »Signorina«, welche ihr versprochen hatten, weiter in die Schule zu kommen. Sie hatte eine List angewandt und den Eltern vorgeschlagen, die Kinder einen um den andern Tag zu schicken, sie könne sie leicht während der drei Monate der großen Ferien für eine höhere Klasse vorbereiten. Aber nun kamen zwei Briefe: der eine von ihrer Freundin Anna mit einem Trauerrand und der andere von den Eltern Bambolas und Signorinas. Ihre gichtverknoteten Finger bebten, und sie seufzte einmal rauh und tief. Und dann blickte sie starr auf die schwarze Schultafel. Der Schwamm hatte die Zahlen nur flüchtig ausgewischt, sie hatte das mit Absicht getan, es sah so unordentlich aus, nach Arbeit – nicht nach Ferien! Die Zahlen kämpften wie Sterne mit weißem Sturmgewölk.

Manfredo war also im Krieg gefallen, daß wußte Suora Caterina, ehe sie noch den Brief aufgerissen hatte. »Ja!« sagte sie voll bitterer Einsicht – »und Bambola und Signorina – warte, liebe Anna, warte« –, sie murmelte das heiser, derweil sie den zweiten Brief aufritzte, »siehst du, sie kommen nicht – nicht mehr – ziehen weg! Weg! Die großen Ferien, siehst du, Anna! Und kommen nicht einmal, sich zu verabschieden. Plötzliche Abreise, Krieg – das ist fast so schlimm wie der Tod! Armer Manfredo!« Während sie das sagte, dachte sie eigentlich: liebste Bambola, liebe kleine Signorina! Sie sieht Bambolas Händchen auf dem Tisch mit dem Tintenwischer spielen, ein Händchen, ach, noch so rundlich wie aus Butter.

Suora Caterina ergreift plötzlich mit der Linken die beiden Briefe, mit der Rechten den Krückstock, sie steht vorsichtig, aber entschieden auf, geht zur Tafel und putzt die Zahlen mit dem trockenen Schwamm langsam aus, die Kreide knirscht, und Suora Caterina bekommt eine Gänsehaut. Indes – sie verzieht nur die Lippen, beißt die Zähne aufeinander und putzt in großen Strichen hin und her, die Briefe in der Linken knistern unter ihrem pressenden Griff.

Dann geht sie, die Tischchen beim Fortgehen wie achtlos mit den blauen, steifen Falten ihres Gewandes anstoßend, langsam zur Tür. Die Tischchen bewegen sich davon und schurren, sie sind so klein und leicht. Sie blickt sich in strengem Fragen um, wie sie es immer tat, wenn die Kinder mit den Tischchen schurrten. Und dann lächelt sie auch diesmal, wie sie hinterdrein stets zu lächeln pflegte. Es fällt etwas wie ein nasser Schleier über ihr Gesicht. Aber dann seufzt sie: »Ja, Anna, ja! – Madonna santissima! – wir armen Mütter!«

Und sie geht, sie ist über achtzig, vorsichtig wie auf Eis geht sie durch den langen Flur, bis sie an ihre Zelle kommt. Indem sie vor der Tür steht, ist es ihr, als müßte sie anklopfen. Und sie klopft auch wirklich und lauscht. Es ist halb neun! Nein, sie wird keine kleinen Schritte mehr durch den Flur kommen hören. Sie nickt einmal, tief ergeben. Sie weiß, warum sie anklopfte, bei wem sie sich anmeldete. So wird sie jetzt auch selber in die Ferien gehen, in die großen Ferien; hoffentlich wird man das Abschlußexamen gut bestehen und versetzt werden.

In der darauffolgenden Nacht fiel über die Zacken der Berge der Nordsturm wie eine Lawine von hellblauen Glaskugeln. Im Sturz über die Felsenzinnen und Absprünge platzten sie hart und krachend, ballten sich aufs neue und zerbarsten wieder, an jedem Baum und an jeder Hausecke, bis sie zischend und fauchend übers Meer fielen, so daß es von weißen Schaumflocken stichelhaarig wurde und einen gesträubten Pelz bekam, unter welchem die Wildheit des Abgrundes sich wie Knochen gelenkig bewegte. Der Sturm drängte die weiße Wut der Brandung zurück und bändigte sie, doch wirkte das Wasser an den Felsenklippen in dieser Gehemmtheit besonders gefährlich.

FLORA, BILDNIS EINER JUNGEN MAGD

Sie kam zu uns aus den Bergen. Ich hätte sie gerne auf den ersten Blick Flora genannt; denn sie sah aus, als wäre sie Maillol – allerdings noch nicht ganz fertig – unter dem Meißel fortgelaufen. Fuß und Fessel hätte ihr selbst Maillol bei aller sprossenden Kraft noch ein wenig leichter gemacht, aber sonst – nein, ich nenne sie wirklich Flora. Ändert man ja auch anderswo die Namen der Hausmädchen um. Aber sie war nicht unser Mädchen, nein, ich muß ihr den alten, noch aus patriarchalischer Zeit heraufgekommenen Titel Magd belassen.

Als meine Frau in der ersten Woche Flora einmal tadelte, dann aber, indem sie sich erinnerte, daß das Mädchen vom neunten Jahre an Waise war und immer bei Fremden sein Brot verdient hatte, einen sanfteren Ton anschlug und den Tadel erklärte, da sagte Flora: »Signora, ich bin in Ihr Haus gekommen, nicht um meinen Willen zu tun, sondern den Ihren!« Meine Frau ließ alles stehen und liegen, kam zu mir ins Studio und berichtete und zitierte den Ausspruch Floras. Wir befanden uns plötzlich im Alten Testament, in einer alten, längst untergegangenen Welt und lächelten uns an.

Überhaupt gehörte unsere Terrasse über dem Meer damals noch zu jenem Garten, wo das Lamm beim Löwen liegt und der Tod nicht zugelassen war. Neben

Kater Kallimachos hockte das kleine weiße Kaninchen Thekla und suchte an seinem Bauch nach Milch; er aber, gewissermaßen kopfschüttelnd, ließ Thekla gewähren. Und es gab die Tauben, die von der kleinen Kuppel des Ecktürmchens auf die Terrasse herabflockten, als wollten sie Kallimachos zuschneien; dazwischen Spatzen, die sich wie Tauben aufführten, einfach weil Kallimachos beide Augen zudrückte. Im übrigen – was konnte er tun? Drei kleine Mädchen, zwischen acht und einem Jahr, trollten und trippelten nackt in der Sonne und gaben acht als seine und der Tauben und Spatzen leibhaftige Schutzengel. Er mußte sich betragen, wie ihr Herz es forderte, und das beharrte noch eigensinnig auf der Paradiesesetikette.

Durch diesen stillen Morgenglanz des Lebens auf der Terrasse überm Meer ging Flora hin und her, barfüßig und leicht mähenden Schrittes. Es kam vor, daß sie mit einem Augenaufreißen stehenblieb und einen Laut hoher Seligkeit ausstieß und im Ton höchster Verwunderung rief:

»O seht doch, dieser Kallimachos! Madonna, er glaubt jetzt selber dran, daß er Milch gibt!« Sie ließ uns dann etwa wissen, was für Hochstapler doch die Männer seien, was für Betrüger, Schurken und Banditen. Plötzlich hob sie Kallimachos in die Höhe, welcher, kaum daß sie ihn anrührte, aus der Rolle des Säugevaters in die eines Säuglings fiel. Sie hielt ihn zwischen sich und die Sonne, belegte ihn mit den furchtbarsten Titeln, bis sie ihn sich heftig ans Herz riß, ihn preßte, hin und her sprang und lachte – mit kurzen, dunklen Lauten; und wenn sie zwischendurch dem Kater etwas ins Ohr sagte, geschah das so leise, daß niemand auf der Terrasse es verstehen konnte. Was mich als lautlosen Zuschauer bei diesem Katertanz Floras am meisten verwunderte: ihr ein wenig schwerer, mähender Schritt war alsbald leicht und anmutig geworden.

Ich begann, mir meine Gedanken zu machen über Flora und ihre tänzerischen Schimpfkaskaden gegen den Mann. Meinte sie doch gewiß nicht allein den grauen Kater, weder mit ihrer Zärtlichkeit, noch mit ihrem Grimm. Floras Sehnsucht und Bewegung zielte über Kallimachos hinweg, wenn der sich auch – darin freilich ein echter Mann – für das letzte und einzige Ziel ihrer Begeisterung hielt.

Nach der Olivenernte wußte ich mehr, seit Nino auf einem Baum in China – wir hatten unsere Gartenterrassen nach Ländern benannt – und Flora auf einem Baum in Indien gesessen hatte und seit sie, im Silberfiligran der Äste verborgen, einander im Erntelied angeredet und auch Antwort gegeben hatten – ja, da wußte ich mehr. Sie pflückten die Oliven und warfen sie auf die ausgebreiteten Säcke. Mit den Oliven fielen psalmodierende Laute von den Bäumen, fromme und eintönig klingende Rezitationen, welche in schwermütigen, chromatischen Kadenzen abbrachen und über die Kante der Terrassen fort ins violette, abendlich blinzelnde Meer hinab verklangen. Die Kinder unter den Olivenbäumen lauschten, manchmal wiederholten sie einen halben Satz im Widerhall, aber sie wußten noch nicht, was sie sangen.

Als Flora am Abend auf die Hausterrasse kam, stand

der Lidspalt ihrer Augen offen wie ein aufgeplatzter Granatapfel; Nino sah aus wie ein junger David, »bräunlich, mit schönen Augen und guter Gestalt«.

Es kam so, wie es kommen mußte. Der Fuchs stahl uns alle Hühner in einer Nacht, es waren vier, weil Flora den Stall nicht zugeschlossen hatte. Ich begriff sehr gut, daß sie weder an den Fuchs noch an die Hühner denken konnte, und ging am folgenden Abend selber nachsehen, ob der Stall geschlossen sei. Auch an diesem Abend stand er offen. Ich machte kein Licht an. Doch da stürzte Flora zur Stalltür heraus – ins Mondlicht – mir entgegen – und brach in die Knie. Ich sah zum erstenmal, was es bedeutet, wenn es heißt, daß die Troerinnen oder Medeas Amme sich das Haar gerauft und die Brüste zerfleischt hätten. Aus Floras Geseufz und Gestöhn ging nur dies hervor: daß die Liebe ihre Treue zu uns überwältigt habe. Sie hatte meine Frau betrogen, so glaubte sie, mich, die Kinder, das ganze Haus!

Ich sagte meiner Frau zuerst nichts, ich hatte es Flora versprochen. Doch der Granatapfelspalt ihrer Augen wurde seit diesem Abend noch größer, aber es war nichts darin sichtbar, das Leben war aus ihren Augen in den Schoß gesunken. In den folgenden Monaten hockte sie abends lange am Bett meiner Frau und ließ sich erzählen: Märchen; Nino kam schon lange nicht mehr, seine Eltern hielten ihn fern.

Auf der Terrasse regnete sich der Winter aus. Thekla war fortgelaufen, über den Friedhof fort, hatten uns Nachbarn erklärt, sie hätten sich nichts dabei gedacht. Zwei Tage vor Epiphanie verschwand Kallimachos. Flora meinte dumpf: die Kohlenbrenner vom Monte Pertuso! Kallimachos sei auch zu fett geworden. »Man hätte eben die Türen besser zuhalten müssen«, sagte sie zum Schluß in einem wehmütig verallgemeinernden Tonfall und ging hinaus. Aber was nützt das? Der Tod kommt durch jede Tür. Im Frühjahr spielten zwischen den Tauben nur noch zwei Mädchen, das Grab der älteren lag drüben unter der Karube auf dem Friedhof, so nahe, daß sie das Lachen der beiden Schwestern hätte hören können. Flora stand oft an dem Mäuerchen, blickte über den Abgrund gegen den dunklen Baum hinüber und hob das Kleinste behutsam in die Höhe, flüsterte ihm etwas ins Ohr, küßte es mit den dicken Lippen sanft auf die Wange und sagte: »O du kleine, süße Kreatur! Warum bist du fort? Warum bist du hier? Ach, du kleine, süße Kreatur!«

Wenn sie mit ihrem nackten, schweren Schritt nachts durchs Haus ging und an allen Türen prüfte, ob sie gut verschlossen seien, ließ ich oft das Buch hinsinken, die Feder – und lauschte. Und ich überlegte, ob ich nicht noch einen Wunsch hätte, den sie mir erfüllen könnte, und ich rief nach einer Tasse Tee oder einer Orange.

Die Stimme des Meeres ist leise geworden. Die Brandung kommt mit einem Ton, wie ihn die Feder hervorbringt, wenn sie mit langen, anschwellenden, bedächtigen Strichen den Unsinn durchstreicht, den man im Notizbuch vor einigen Stunden eintrug. Man wird das Meer betrachten und das wechselnde Licht auf den Kuppeln dieser Stadt. Man wird zu den Türmen, Apsiden und Steinblumen dieser Bergkathedralen im Umkreis aufschauen, zu ihren silbergrauen Schroffen, die wie Orgelpfeifen aus den breiten Halden aufsteigen, aus Halden, die wie vermooste Dächer stehen. Man wird den Weg des Orion betrachten und die fernsten Farben des Sirius, welche auch die reinsten sind, durch den dunklen Türspalt lassen. Ja, man wird sich mit den großen und den ganz kleinen Dingen befassen, und die ganze in Menschenmaß und -größe vorhandene Welt wird man eine lange Zeit ausschließen! Man wird! -

TERRASSEN IM LICHT

Gedenk' ich jener kleinen Stadt an der »göttlichen Küste«, sehe ich Terrassen vor mir: helle Flächen auf Dächern und Vorbauten, mit Fliesen belegt oder auch nur aus Beton gestrichen, auf jeden Fall von Gittern und Mäuerchen umschützt und von Bögen und Pfeilern oder windschiefen Hauswänden in die Höhe gehoben – ins Licht. Aus den Schattenhöfchen aber führen wie im Spiel erbaute Treppchen zu den kleinen, klaren Ebenen droben, wo man sitzt und aufs Meer blickt und im Sommer gegen Abend die erste Brise erwartet. In jenen Wochen und Monaten freilich, wenn die Sonne den Mittagshimmel schwarz versengt, huscht tags der Schritt über die Terrassen und flieht ins Haus, genau wie im Winter, wenn es Tag und Nacht auf die Terrassen regnet, daß sie wie rechteckige Trommeln rasseln.

Aber die andern Zeiten, wenn die Sonne nicht tobt und der Regen nicht trommelt, das sind Terrassenzeiten; denn beinah der ganze Tag und manchmal auch die Nacht spielen sich auf der Terrasse ab. So ist es nicht ganz übertrieben, nach der Terrasse zu fragen, um zu erfahren, welchen Tanz die Reihe der Tage aufgeführt habe – denn eine jede Terrasse hat ihre Tonart, ihre persönliche Gebärde, ihre besonderen Blickpunkte. Auf dieser meist nach allen Seiten hin offenen Bühne treten aber leicht der Poesie der

Einsamkeit abträgliche Laute und Gerüche ins Spiel. Gesegnet darum jene Terrasse, die nicht an den durchaus unsichtbaren Gebresten eines heimlichen Schweinestalls oder eines allstündlichen Hundegebells oder zeitweiligen Kindergeschreis krankt. Ja, gesegnet sei die kleine ebene Fläche, auf die kein Lärm dringt, über deren Mauerrand die Düfte aus den Orangenhängen quirlen, und wo der Blick, ohne anzustoßen, übers Meer bis auf den Horizont hinstrahlt, und das Herz sich genau in der Mitte der Welt weiß; wo in die Ruhe der gegenwärtigen Stunde das Morgen mit seiner bohrenden Fragemiene nicht eindringt.

Ich kannte einige vollkommene Terrassen. Zwar waren sie nicht so neu und weiß und filmgerecht wie jene, die heute im selben Ort und oft an der Stelle der alten, vollkommenen Terrassen, von denen ich erzählen will, errichtet werden. Allesamt waren sie Nester aus den Fäden der Stille gebaut. Die Nahkampfwaffen des Lärms: die Grammophonnadel, der Lautsprecher und die Autohupen berannten damals noch nicht solch ein Bollwerk der ekstatischen Beschaulichkeit, das in seinen Grundfesten vom Pulsschlag des Meeres umbrandet war. Ein Lumpensammler sang durch den Morgen ein Sehnsuchtslied nach alten Fetzen, Knochen und Papier. Eine Glocke läutete, ein Hahn schrie, eine Mutterstimme rief nach ihrem Kind. Und die aufgerührte Stille beruhigte sich und stand noch blauer und undurchdringlicher da.

Jeder der närrischen Fremden, die sich hier zu einem Völkerbund der Einspänner und Eremiten versammelt hatten, pries seine Terrasse als die schönste, und in der Tat war eine jede schöner als die nächste, die man besuchte; zumindest anders, indem sie einen neuen Ausschnitt des Meeres bot, andere Einblicke in die Seitenhöfchen und Gassen und Treppenschächte, andere Terrassenböden, andere Pergeln, andere Düfte.

Aber der Mensch unterscheidet die schönen Orte noch nach geheimeren Maßstäben. Mehr als die Einzelheiten ihrer Lage und äußeren Gestalt ist es die Stärke und die Farbe seines eigenen Lebenslichtes, was ihm den Ort, wo es brannte und glühte, in der Erinnerung schön und noch schöner macht. Der schaffende Mensch mißt überdies nach der Windstärke des schöpferischen Anhauchs, und ihm ist so eine Terrasse etwas wie ein Schiff – eine jede treibt in einem andern Meer. Was aber in meiner eigenen Erinnerung jene Terrassen am Meer am meisten voneinander unterscheidet: die erste trug unser erstes Kind, als es noch im Mutterschoß schlummerte; die zweite sah zwei kleine Mädchen, auf der dritten trat ein drittes Mädchen hinzu, auf der vierten aber ging eines der Mädchen davon.

Die Terrasse in der casa Carmela war mit Fliesen belegt und mit einem strengen Stabgitter umgeben. Ein Winkel der Terrasse ragte ein wenig über die Treppengasse, die vom Strande heraufführte. Wir hörten den keuchenden Atem der Steigenden, ihr intimes Geplauder, das über einen Vorfall am Strand oder im Café ging; und wir lauschten dem in die Tiefe springenden rhythmischen Geklatsch nackter Jungenfüße; und dem Gesang des rothaarigen Fischhändlers; und dem Gebrüll des nordischen Kriminalschriftstellers, der im Hause nebenan wohnte. Jeden Morgen rasselte als unser Wecker der Blechkasten der Bierflaschen, die ihm ins Haus getragen wurden.

Wenn es in der Treppenschlucht an einer Türe klopfte, glaubten wir, es sei bei uns gewesen, und wir liefen das Treppchen zum Haustor hinab – oft und nicht ungern, denn wir waren noch voller Erwartung nach allen Seiten. Vor der Nacht stellten wir einen Tisch auf die Terrasse und auf ihn eine Petroleumlampe, es gab noch kein elektrisches Licht in jener Zeit. Um Tisch und Licht spannte ich auf Drähten Netze aus – gegen die Stechmücken. Ich trug darauf Papier und ein Tintenfaß in das Lichtzelt, dessen Wände kaum sichtbar waren. Nach diesen ausführlichen Vorbereitungen schlüpfte ich unter das Netz und fuhr fort, an der Geschichte des Musikstudenten Eberhard zu schreiben, die ich ein Jahr zuvor auf einer anderen Terrasse auf Capri begonnen hatte. Es geschah, daß ein Satz stockte und abbrach und mit diesem Satz das innere Strömen, und ich landete, aus der Welt des Romans in die äußeren Umstände zurückfallend, auf meiner Terrasse in der casa Carmela. Der Sprung von der erdichteten Rheinterrasse bis auf diese am Mittelmeer war so jäh und groß, daß ich gewissermaßen ein Sausen im Ohr spürte.

Oftmals stand ich auf und wanderte barfüßig über die kühlen, glatten Fliesen. Diese Erfahrung der nackten Sohlen ging später in die Füße des Mannes von Asteri über, dem ich diese Terrasse zu seinem Romanleben überließ – und auch die Zanzaren, die Ratte in der Küche, das Klopfen am Tor des Binnenhöfchens, die mannigfaltigen Laute und Gerüche auf der Meerestreppe. Und er erhielt von mir diese Terrasse und keine der übrigen wohl aus dem Grunde, weil auf diesen Fliesen keine Kinder gespielt haben. Und er verliert sogar auf dieser

Terrasse jenes Kind, das so spät zu ihm unterwegs war.

Die Terrasse in der casa Rosa lag nahe dem Meer, indes noch näher der Straße. Der Zugang zu diesem aus Mörtel und Bruchsteinen erbauten Schiffsdeck war zu leicht, und so hatten wir immerzu Besuch von jenem reizenden menschlichen Treibgut, das aus ganz Europa an diesem unserm Strand angeschwemmt worden war. Ein jeder schrieb an einer neuen geheimen Offenbarung oder er malte den Gegenstand stolz verachtende Fotografien von Putzlappen und Pferdemist; oder er suchte nach dem Zen-Satori im Wein; oder sie hatte sich freigemacht von dem Ehejoch und war nun in einer ganz und voll an den Tag gelegten Würde dabei, als die Erlöserin der schüchternen Männer in die Liebesgeschichte einzugehen. Einer suchte sich zu jener Frau durch, mit der er den kommenden Übermenschen zeugen könnte, doch entsprangen dieser hochgestimmten Verbindung nur einige rachitische Mädchen. Zwischen diesen Weinaposteln, Wachträumern, Systemspinnern, diesen Schmetterlingsjägern und einfach in ewigem Sonnenstich dahindösenden internationalen Müßiggängern saßen Leute, die aus der zur Zentrifuge gewordenen Heimat herausgeschleudert waren und nun mißmutig, niedergeschlagen und überempfindlich an diesem Strand auf das Schiff warteten, das sie in ein neues Land, eine neue Zukunft hinübersetzen sollte. Über die Brüstung auf der Terrasse der casa Rosa gingen die Blicke der einen wie der andern. Wir redeten bis tief in die Nacht über die noch unerforschten Möglichkeiten (gesundheitlicher und wirtschaftlicher Art) in der Zitrone; wir stritten über Modigliani, über die Selbsterlösung durch

Rauschgifte; wir deuteten Kafka und suchten nach dem Unterschied zwischen einem deutschen und einem italienischen KZ. Jemand wußte ein neues Devisenrezept, ein anderer warnte vor einem deutschen Herrn in einem altmodischen Strohhut als vor den wandelnden Ohren der braunen Polizei. Prophezeiungen wurden über dem Rand des Weinglases ausgestoßen, welche sich hinterher alle als hellgrau, ja geradezu heiter ausnahmen angesichts der Heraufkunft des Wirklichen ... An solchen Abenden glich die Terrasse in der casa Rosa jenem himmlischen Leintuch, das, an vier Zipfeln gebunden, vor Petrus, als er auf dem Dache betete, herniedersank und voll war »von allerlei vierfüßigen Tieren der Erde und wilden Tieren und Gewürm und Vögeln des Himmels«. Und auch an mich erging die Stimme: »Steh auf, schlachte und iß.« Hatte ich mich in meinen früheren Büchern noch ein wenig wie Petrus »vor dem Gemeinen und Unreinen« gefürchtet, griff ich nun im »Mann von Asteri« und später in der »Sintflut« herzhafter zu und ließ in meine Bücher viele von diesen Menschen ein, die ich auf die Terrasse der casa Rosa hereingelassen hatte; und ich erfuhr, daß die Kunst ebenso wie Gott das reinigen kann, was gemein ist und gewürmhaft und unter gesellschaftlichen Tabus steht, welche zwar berechtigt sind, aber für den Schaffenden keine Gültigkeit haben.

Am Weihnachtsfest des Jahres 1937 saßen wir zu viert um den Mittagstisch auf dieser Terrasse und aßen in Wein gedünstete Muränen. Die Sonne hämmerte auf den Stahl des Himmels, das Meer hatte einen grauen Pelz aus kleinen Schaumkrönchen unter dem breit von den Bergen herabkämmenden Nordwind, und wir dachten uns, daß unsere Terrasse kein schlechter Ort sei, die Heraufkunft des Lucifer matutinus zu feiern. Über den Rand der Brüstungsmauer ragte unser Weihnachtsbaum herauf: ein dunkelblättriger Orangenbaum, darin die goldenen Kugeln wie antastbare Sönnchen leuchteten.

Im darauffolgenden Frühjahr zogen wir um auf die stille Santa Croce-Terrasse. Wir entdeckten das frischgestrichene Haus am Berghang auf einem unserer kleinen Streifzüge. Es war unbewohnt, die Tür stand offen, und wir traten durch das obere Zimmer auf die Terrasse hinaus. Wenn man sich innerhalb dieses weißgekälkten und rechteckigen Zementbottichs auf einem Stuhl niederließ, sah man nur noch den Himmel, das Meer und im Norden die Halden und Hänge und Gipfel des bis zu anderthalbtausend Metern ansteigenden Monte Sant' Angelo. Unterhalb dieser Familienterrasse gab es eine größere, sie lag vor meinem Studio. Von hier war nichts zu sehen als Himmel und Meer. Ich milderte diese Strenge, indem ich an den Seiten der Terrasse Blumenkästen aufmauern ließ. Akanthus blühte darin und Kapuzinerkresse. In der heißen Zeit jedoch sahen die ausgetrockneten Mulden halb wie Schweinetröge aus. Manchmal platzte eine Samenkapsel in den Blättern; ich hörte es, so groß war die Stille. Die Luft über dem heißen Zementboden vibrierte. Mit Holzkohlen gezogene Linien liefen über die Fläche und überschnitten sich. Eine ungeheure Ebene, auf der es keinen Baum und Strauch gab, entstand vor meinen Augen, bis die Kinder von der oberen Terrasse, wie Nomadenhorden von der weiten Sonnenfläche angelockt, darüber herfielen: zwei Puppenmütter, wimmelnd und voll unberechenbarer Antriebe. Wenn sie die neuen Wohnsitze oft schon nach einer Viertelstunde verließen, lagen eine Menge Stoffgestalten umher. Ich konnte das alles durch das Fenster sehen, das meinen Schreibtisch mit der Terrasse und dem Meer verband. Der Anblick dieses verlassenen Spielplatzes gefiel mir nicht. Die Puppen hatten die Arme so rücksichtslos wie Tote neben sich geworfen, und die Farben ihrer Kleider schrien in der Sonne. Ich sann darüber nach, wo die nächsten Hauptkriegsschauplätze lägen, denn ich begann damals mit der »Hochzeit der Feinde«.

Ja, da liegt man immer wieder wie das Brot backend auf den heißen Steinen und sieht den Antennendraht gegen den Himmel, das dünne D-Zug-Geleise, auf dem die Welt stündlich einläuft mit all dem Wahnsinn der Zeit. Die Hoffnung auf eine Hochzeit der Feinde wird täglich geringer, und so schließt man den Bahnhof der Nachrichten und blickt, statt in die Welt hineinzulauschen, auf das Meer. Es ist zeitlos, und die Sterne sind zeitlos. Und auf die Terrasse sinkt etwas von dieser Zeitlosigkeit herab. Sie äußert sich in der Seele bald als Gleichmut, bald als Unruhe, – und so bin ich heute auf dieser Terrasse ein stoischer Philosoph, aber vielleicht am Abend schon ein von allen Seiten bedrängter Mensch, der das Wort in den Vers treibt und den Vers in die Klage und Beschwörung hinein; denn die Ahnungen und Gesichte des Kommenden stehn um die Terrasse in diesen Sommertagen des Jahres 39 so dicht und monoton und unaufhörlich wie das gläserne Lärmen der Zikaden im Silbergefieder der Oliven.

Bis dann der Tag kam, da ein deutscher Maler auf meine Terrasse trat, die Eisentür, die zufällig nicht verschlossen war, aufstieß und fragte, ob ich es noch nicht wüßte...

Aber ich schrieb doch weiter an der »Hochzeit der Feinde«. Mein Buch war fast beendet, und ich dachte mir, daß Bücher, die zu spät gekommen sind, eines Tages wie Prophezeiungen wirken.

Die untere Terrasse wurde in jenen Monaten trotz den über Draht ausgespannten Strohmatten ein schlimmer Ort. Manchmal glaubte ich, irgendwo auf Celebes oder Borneo zu sitzen, wie einer dieser an einer Dschungel-Küste vergessenen Weißen in einem Roman von Josef Conrad.

In einem Mauerspalt auf der Terrasse hatte sich ein Kapernstrauch eingesät. Niemand gab ihm zu trinken, und dennoch wuchs er. Wir wagten es nicht, seine Knöspchen abzupflücken und damit unsern Salat zu würzen. Er hing an der Bruchsteinmauer herab wie der grüne Bart eines im Stein verborgenen Gottes. Bald gab es Geschichten über ihn, denn die Mädchen fragten immer wieder, wie er da oben zwischen dem harten Stein mit so wenig Feuchte und Erde leben könne. Er konnte es; wie er's machte, war sein Geheimnis.

Jeden Nachmittag aber kam aus der hohen Felswand oberhalb unseres Hauses ein Falke geflogen. Sein Bauch glänzte rötlich in der Sonne, wenn er in der Luft, die vom Meer heraufstieg, mit gespreizten Flügeln still lag, fast als schliefe er. Dann fiel er jedesmal schräg ab in die Tiefe und war fort, – und meine Terrasse in der casa Santa Croce war wieder der entlegene Ort; hätte der Kapernstrauch nicht aus der Wand so grün herabgehangen, wäre die Terrasse unbewohnbar gewesen.

Manchmal entfloh ich der unteren und stieg auf die obere Terrasse. Dort stand seit Anfang Oktober eine kleine Wiege – morgens und nachmittags. Ich blickte durch den Tüllschleier und versuchte, in die kleine Seele, als wär's ein heimatlicher Raum, einzudringen. Doch lag zwischen uns ein lichter Nebel, durch den es keinen Weg gab. Wir Erwachsenen waren im Krieg, und das bedeutete: in Ungewißheit und Angst; die Kleine, die wir in einer Art von hilfloser Beschwörung auf den Namen der Friedenskönigin getauft hatten, sie lag hinter dem Tüll und schlummerte. Ich fing an, neben ihrem Bett ausgestreckt, diese obere Terrasse in meinen Träumen für eine Art von Arche zu halten. Und ich begann, über Noah nachzusinnen und die große Flut. So waren also die obere Terrasse in der casa Santa Croce und die Wiege auf ihr daran schuld, daß ich damals schon mit der »Sintflut« begann.

Die Terrasse auf dem Felsen, die letzte, die wir in Positano bewohnten, lag vor einem uralten, einst behäbigen, nun aber langsam abbröckelnden Hause, in dessen dicke, rissige Wände sich Gräser und Blumen einsäten. Der Efeu kletterte mit dem Wein um die Wette die Wände hinauf bis zum dicken, flachen Dach, unter dem und in dem die Kuppeln nebeneinanderlagen.

Die Terrasse stützte sich auf den Felsengrund und die Gewölbe der unteren Räume. Sie war so groß, daß wir darauf Nachlaufen spielen konnten. Wer zum erstenmal durch das Törchen von außen oder durch eine der Fenstertüren seinen Fuß auf die helle Fläche setzte, blieb betroffen einen Augenblick stehen, so stark riß ihn der weite Raum des Meeres mit sich fort. Das Schutzmäuerchen ringsum, das von Moos und Flechten bedeckt war und da und dort den nackten Bruchstein, aus dem es gebaut war, sehen ließ, hatte eine Sitzbank aus demselben Stein neben sich herlaufen. Auf dieser Bank lastete ein – wenn auch nicht gerade so hartes – Verbot wie auf dem Baum mitten im Paradies; hinter dem Mäuerchen ging es steil auf die Ölbaumterrassen hinunter, – eine Katze selbst hätte sich dreimal zu Tode gefallen. Das gekuppelte Türmchen auf der Terrassenecke, in dem sich wie auf vielen andern Terrassen in Positano ein geheimer Ort an höchst ungeheimer Stelle befand, dieses Türmchen wurde einem seiner Lage und Bauart würdigeren Zwecke zugeführt, – wir erhoben es zum Taubenschlag. Doch legte die eigensinnige Stammmutter der flink und wie aus dem Abgrund des Nichts heraufflatternden Mitbewohner der Terrasse ihre ersten Eier nicht in das Türmchen, sondern in das Schlafzimmer unseres Nachbarn Michelino, welcher nunmehr zuvorkommend jedesmal, wenn er und die Seinen das Haus verließen, die Schlafzimmertür offenstehen ließ.

Dieses Haus des kleinen Bauern Michelino und dahinter die kleinen, weißglänzenden Häuschen auf dem Felsenboden des Friedhofs, ich meine diese wie kleine Särge hingemauerten Gräber hinter den Zypressen, das waren Nachbarbehausungen voller Friedfertigkeit und Stille. Vor allem in Kriegszeiten ist die Nähe der Toten hilfreich und tröstend. Unser Sinn wendet sich fort von den ins Beben und Wanken geratenen Kulissen der Zeit und verliert den Geschmack an allem, was nicht zu dem Gang der

Sonne und zum Schweigen der Toten stimmt. Rücksichtslos wie die abgenagten Knochen über den Terrassenrand, so warfen wir nach und nach, von der ekstatischen Losgelöstheit dieses Ortes belehrt, alle unsere Hoffnungen, soweit sie aus der Zeit stammten und sich in die Zeit zurückbogen, in den Abgrund des großen Schweigens, der die Terrasse in so vielen Nächten und oft auch am Tage umgab. Wir aßen Möhren und Karubenfrüchte und sammelten für den ewigen Maisbrei Kräuter. Wir ernteten aber auch ein wenig Öl von unseren Oliven und wir lehrten die Kinder, die herbe Schale der Zitrone mitzuessen, und den Saft, wenn es nötig war, in Wunden zu träufeln. Wir waren ja, wenn wir auch keinen Kanonenschuß hörten, tief im Krieg. Wir mußten uns selber helfen – im Hunger, in der Krankheit, im Tode. Wir waren alleingelassen, Fremdlinge, und wir begriffen langsam den Liedtext: »Da ich im Elend bin«. Wir gruben ein Grab unter der Karube und wir blickten hinein und wir wußten nun, was vorging in jener Zeit und – so wußten wir, uns fassend –: in jeder Zeit! Die Terrasse aber hielt uns weiter in die Sonne hinein, in den Regen, in das saugende Schweigen der Nächte und in das Tosen der Brandung, wenn das Meer stürmte. Ich bevölkerte derweil die Leere mit den Menschen meiner Sintflut – und zwischendurch mit den Rittern der Gerechtigkeit.

Und dann rückte der Krieg murrend heran, und die Terrasse wurde zu einer Proszeniumsloge nahe über dem Bühnenboden. Ein Schiff feuerte des Nachts seine Breitseiten über unsere Köpfe in die Werft auf der anderen Seite des Berges; ein englisches Unterseeboot schoß am hellichten Tage zwei Frachter, die an der Küste entlangschlichen, in den Grund – mit der Bordkanone, ein Gewehrschütze von der Terrasse hätte den Schützen auf dem U-Boot erreichen können. Wieder auf dieser Terrasse erlebte ich den Tag, da jene Brücke in der Küstenstraße vom heimlich gelandeten Feind in die Luft gesprengt wurde. Ich hörte den dumpfen Schlag und den Widerhall aus den Bergen und sah die Wolke aus Pulver und Staub, die wie ein gigantisches, barockes Weib plötzlich über der Stelle schwebte, – und ich sagte zu dem grausigen Gebild, das nur langsam verging: Freiheit! Ja, nun befand sich zwischen mir und meinem Volke diese gesprengte Brücke ...

Wir lasen bei Tisch aus der Lutherbibel vor, um den Kindern die Muttersprache zu erhalten. Über die Terrasse gingen Soldaten aus fast allen Völkern, die nordwärts gegen Deutschland zogen. Sie tranken mit uns Wein, und wir suchten ihnen ein Bild von Deutschland zu geben. Wenig später saßen auf derselben Terrasse deutsche Kriegsgefangene. Wieder tranken wir Wein und wieder versuchten wir, uns ein Bild von dem Deutschland zu machen, das nun kommen müßte. Die PW's hatten die Taschen voller Geld stecken, machten die Kutscherpferde mit Wermut besoffen und brachten uns Weizenflocken, getrocknete Kartoffeln und unzählige Kalbszungen mit, und unsere Kleinste, die bis zum vierten Jahre nicht wußte, was das Wort Wurst bedeutet – es kam bei Luther in der Bibel, soweit ich mich entsinne, nicht vor –, schleckte nun sogar Schokolade. »Unsere Kriegsgefangenen«, so hießen sie für uns, standen mit uns in einem Tauschverhältnis von besonderer Art: denn wir tauschten nicht nur Kalbszungen gegen Kopfsalat, – die Terrasse weiß am besten, welche unsichtbaren Güter auf ihr wie auf einem Emporium des Friedens mitten im Krieg hin und her getauscht wurden. Die Soldaten hatten die Erfahrung des Krieges, des Lagers, die Begegnung mit dem Leiden und dem Tode in allen und oftmals gräßlichen Gestalten; vor allem wußten sie wieder, kaum daß sie bei uns die Soldatenkleider abgelegt und eine weiße Strandhose angezogen hatten, was es mit dem Zuhause auf sich hatte, mit dem Intimen, Häuslichen, mit der persönlichen Unabhängigkeit – kurz mit all dem, was sie seit vielen Jahren entbehrten. Und ich konnte ihnen Andeutungen darüber geben, wie es um die Tage und Nächte eines Mannes bestellt ist, der in einer solchen Zeit, da alles Leben in einem sicheren Instinkt sein Heil in verschärfter Gemeinschaftlichkeit sucht, mit seiner Familie am Rande der Ereignisse, ja, so hatte ich es durch Jahre empfunden: am Rande der Welt lebte. Ein solcher Mann denkt und fühlt und handelt und gestaltet; aber auf keine Äußerungen seines Lebens erhält er eine Antwort. Manchmal glaubt er, aus dem Schweigen etwas wie ein Zeichen, wie einen Wink erhalten zu haben. Doch er weiß: die Fatamorganen in der Wüste der Echolosigkeit werden leicht verwechselt mit dem echten Widerhall, welchen allerdings selbst der Verlorenste manchmal in seinem Innersten spürt, wenn er mit seinem Werk an den Nerv des Seins rührt.

Terrasse über dem Felsen, noch heute weiß ich es nicht, was du mir alles warst: heller Platz der Geselligkeit inmitten einer ungeselligen Zeit oder Plattform der Säule eines Stiliten wider Willen; Wüste voll beängstigender Spurlosigkeit oder Ort der unauslöschlichen Begegnungen mit der Sonne, mit dem Rausch, mit dem Tode und den anderen großen Masken des Seins.

INHALT